CIÊNCIAS NATURAIS

BIOLOGIA

Organizadora: Editora Moderna
Obra coletiva concebida, desenvolvida
e produzida pela Editora Moderna.

Editora Executiva:
Maíra Rosa Carnevalle

1ª edição

© Editora Moderna, 2014

Elaboração de originais

Fernando Frochtengarten
Bacharel e licenciado em Ciências Biológicas pela Universidade de São Paulo. Professor e coordenador pedagógico de escolas particulares em São Paulo.

Juliana Bardi
Bacharel e licenciada em Ciências Biológicas pelo Instituto de Biociências da Universidade Estadual Paulista. Doutora em Ciência Biológicas (Zoologia) pelo Instituto de Biociências da Universidade de São Paulo.

Maíra Rosa Carnevalle
Bacharel e licenciada em Ciências Biológicas pela Universidade Federal de São Carlos (SP). Editora.

Roberta Bueno Hiranaka
Bacharel e licenciada em Ciências Biológicas pela Universidade Federal de São Carlos (SP). Editora.

Coordenação editorial: Maíra Rosa Carnevalle, Rita Helena Bröckelmann
Edição de texto: Edna Emiko Nomura, Horacio Nakazone, Maíra Rosa Carnevalle, Roberta Bueno Hiranaka
Preparação de texto: Lucia Scoss Nicolai
Coordenação de *design* e projetos visuais: Sandra Botelho de Carvalho Homma
Projeto gráfico: Daniel Messias, Everson de Paula, Rafael Mazzari
Capa: *Criação*: Sandra Botelho de Carvalho Homma
 Produção e direção de arte: Everson de Paula
 Finalização: Otávio dos Santos
 Foto: Recife de corais (local não identificado).
  © Krzysztof Odziomek/Shutterstock
Coordenação de produção gráfica: André Monteiro, Maria de Lourdes Rodrigues
Coordenação de arte: Maria Lucia F. Couto, Patricia Costa, Wilson Gazzoni Agostinho
Edição de arte: Jordana de Lima Chaves
Editoração eletrônica: Setup Bureau Editoração Eletrônica
Edição de infografia: William Taciro, Mauro César Brosso, Alexandre Santana de Paula
Ilustrações: Adilson Secco, Cecília Iwashita, Carlos Malásquez, Luiz Rubio, Nik Neves, Paulo Manzi, Williams Torres
Cartografia: Anderson de Andrade Pimentel, Ericson Guilherme Luciano, Fernando José Ferreira
Coordenação de revisão: Elaine C. del Nero
Revisão: Cárita Negromonte, Flávia Schiavo, Maristela S. Carrasco, Nancy H. Dias, Simone Garcia, Viviane T. Mendes
Coordenação de pesquisa iconográfica: Luciano Baneza Gabarron
Pesquisa iconográfica: Flávia Aline de Morais, Marcia Trindade
Coordenação de *bureau*: Américo Jesus
Tratamento de imagens: Arleth Rodrigues, Bureau São Paulo, Marina M. Buzzinaro, Resolução Arte e Imagem
Pré-impressão: Alexandre Petreca, Everton L. de Oliveira Silva, Fabio N. Precendo, Hélio P. de Souza Filho, Marcio H. Kamoto, Rubens M. Rodrigues, Vitória Sousa
Coordenação de produção industrial: Wilson Aparecido Troque
Impressão e acabamento:

Dados Internacionais de Catalogação na Publicação (CIP)
(Câmara Brasileira do Livro, SP, Brasil)

Araribá plus ciências naturais : biologia / obra coletiva concebida, desenvolvida e produzida pela Editora Moderna ; editora executiva Maíra Rosa Carnevalle. — 1. ed. — São Paulo : Moderna, 2014.

Bibliografia.

1. Biologia (Ensino fundamental) 2. Ciências (Ensino fundamental) I. Rosa Carnevalle, Maíra

14-03080	CDD-372.357
	-372.35

Índices para catálogo sistemático:
1. Biologia : Ensino fundamental 372.357
2. Ciências : Ensino fundamental 372.35

ISBN 978-85-16-09463-8 (LA)
ISBN 978-85-16-09464-5 (LP)

Reprodução proibida. Art. 184 do Código Penal e Lei 9.610 de 19 de fevereiro de 1998.
Todos os direitos reservados
EDITORA MODERNA LTDA.
Rua Padre Adelino, 758 – Belenzinho
São Paulo – SP – Brasil – CEP 03303-904
Vendas e Atendimento: Tel. (0_ _11) 2602-5510
Fax (0_ _11) 2790-1501
www.moderna.com.br
2016
Impresso na China

1 3 5 7 9 10 8 6 4 2

APRESENTAÇÃO

Certamente você já sabe algo sobre os assuntos mais famosos da Ciência: o Universo, os seres vivos, o corpo humano, os cuidados com o ambiente, as tecnologias e suas aplicações, a energia e a matéria são temas comuns.

Ciência tem sua origem na palavra latina *scientia*, que significa conhecimento. É uma atividade social feita por mulheres e homens em diferentes lugares do mundo. Ciência também tem a ver com questões econômicas, políticas e culturais de cada lugar.

Você já parou para pensar em como a Ciência funciona? Será que os cientistas têm sempre certeza de tudo? Como eles trabalham? Como é feita uma pesquisa? É fácil fazer uma descoberta científica? Só os cientistas "fazem Ciência"?

Para a última pergunta, queremos que você considere um **não** como resposta. Os investigadores são pessoas atentas, observadoras e curiosas que questionam e buscam respostas. Convidamos você a ser um deles!

Este livro apresenta algumas respostas. Como investigador, no entanto, você deve saber que as perguntas são mais importantes. Faça perguntas, duvide, questione, não se contente com o que é apresentado como verdade. Nesse caminho, conte com a sua professora ou o seu professor: converse sobre suas dúvidas e dê também a sua opinião.

Seu livro traz ainda um trabalho com os chamados **Hábitos da mente**. Você vai aprender que eles podem ajudá-lo nas tarefas escolares e também a tomar decisões melhores e a resolver problemas.

Esperamos que este livro o incentive a pensar com qualidade, a criar bons hábitos de estudo e a ser um cidadão bem preparado para enfrentar o mundo e cuidar dele.

Bons estudos!

CONHEÇA O SEU LIVRO

UNIDADE – PÁGINA DE ABERTURA
Este livro contém quatro Unidades. Cada uma começa com uma imagem motivadora relacionada aos temas que serão tratados.

TEMAS
Os conteúdos foram selecionados e organizados em temas. Um pequeno texto inicial resume a ideia central do Tema. Um sistema de títulos hierarquiza as ideias principais do texto.

POR QUE ESTUDAR ESTA UNIDADE?
Um pequeno texto introdutório vai contar sobre a relevância dos assuntos tratados na Unidade.

TECNOLOGIA, SAÚDE OU AMBIENTE EM PAUTA
Quadros que mostram a relação das Ciências com a tecnologia, a saúde ou o ambiente.

IMAGENS
Fotografias, ilustrações, gráficos, mapas e esquemas auxiliam na construção dos conceitos propostos.

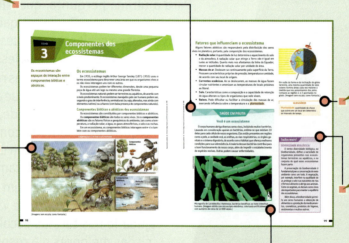

GLOSSÁRIO
Contém a explicação de termos mais difíceis.

SAIBA MAIS
Quadro que traz informações adicionais ou uma curiosidade relativa ao Tema.

ÍCONE-MEDIDA
Um ícone-medida foi aplicado para indicar o tamanho médio do ser vivo ou do objeto que aparece em imagens. O ícone pode indicar a altura (I) ou o comprimento (⟷).

As fotomicrografias (fotografias obtidas com o auxílio de um microscópio) e as ilustrações de objetos ou de seres invisíveis a olho nu estão acompanhadas do ícone de um microscópio.

ATIVIDADES

Organizar o conhecimento, Analisar e Compartilhar – essas atividades trabalham habilidades como a compreensão e a aplicação de conceitos e enfatizam o uso de técnicas de leitura, registro e interpretação.

COLETIVO CIÊNCIAS

Mostrar a ciência como produto coletivo, de diferentes áreas do conhecimento e feito por cientistas e não cientistas em colaboração.

ENTRANDO NA REDE

Sugestões de endereços para consulta e pesquisa na internet.

QUESTÕES DO ENEM E DE VESTIBULARES

Questões que abordam os assuntos mais populares nas provas de instituições de todas as regiões do país.

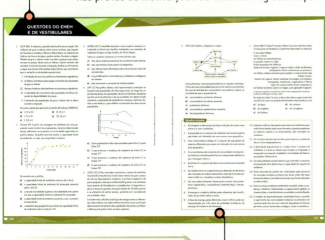

LER, COMPREENDER E ESCREVER

A leitura e a escrita são importantes no estudo de qualquer disciplina. Aqui, você vai exercitar essas duas habilidades, além de se atualizar e refletir sobre assuntos relevantes.

QUADRO-RESUMO

Os principais temas da unidade estão resumidos aqui, para facilitar o estudo e a retomada dos conceitos centrais.

HÁBITOS DA MENTE

Ao longo do livro, você vai encontrar indicações para diferentes hábitos da mente. Aproveite esses momentos para refletir sobre eles e trocar ideias com os colegas.

Pensar com flexibilidade

Temas muito pessoais, como a sexualidade, costumam ser controversos e gerar diferentes opiniões. Ao expor nossas ideias sobre qualquer tema a outras pessoas, é importante fazê-lo de forma respeitosa. Reveja seu texto e faça uma boa reflexão: suas ideias podem ser consideradas ofensivas ou discriminatórias? Coloque-se no lugar de pessoas com orientação sexual diferente da sua, por exemplo, e faça uma segunda leitura de sua redação.

CONTEÚDO DIGITAL

Esse ícone indica conteúdo digital que acompanha o seu livro.

Animação

Fluxo de energia na cadeia alimentar

O QUE SÃO OS HÁBITOS DA MENTE

9 atitudes muito úteis para o seu dia a dia

Os Hábitos da mente são atitudes que nos ajudam a lidar com as mais diversas situações da vida. Essas situações se apresentam em forma de problemas, de oportunidades, de escolhas, de conflitos, de responsabilidades.

- Seu trabalho de pesquisa continha dados equivocados e imprecisos. Você terá de refazê-lo; porém, desta vez, esforçando-se por apresentar dados precisos e fundamentados.

Esforçar-se por exatidão e precisão
Revise o seu trabalho. Busque exatidão, precisão e excelência em tudo o que faz.

Pensar e comunicar-se com clareza
Organize seus pensamentos e comunique-se de forma clara. Evite generalizações, distorções e omissões de dados.

- Você organizou suas ideias e buscou a forma mais clara de se comunicar com as pessoas, dando exemplos, utilizando metáforas... E todos se interessaram pelo que você tinha a dizer!

Pensar com flexibilidade
Mude de perspectiva, crie alternativas. Considere novas opções para solucionar a questão.

- Você tem boas ideias para resolver uma questão, mas seus colegas também! Será que você deve insistir na sua proposta ou pensar com flexibilidade?

- Em vez de insistir na sua ideia, você escutou com atenção as opiniões dos colegas. Com isso, fizeram uma revisão da matéria e esclareceram os pontos de discordância.

Escutar os outros com atenção e empatia
Escute as ideias de outras pessoas. Entenda o ponto de vista e as emoções do outro.

SUMÁRIO

UNIDADE 1 — BIOQUÍMICA E BIOLOGIA CELULAR ... 14

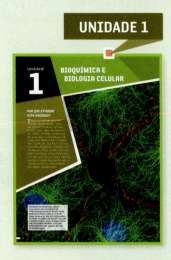

TEMA 1 — Moléculas da vida ... 15
- Composição dos seres vivos, 15

TEMA 2 — A água e os sais minerais ... 16
- A água, 16
    - Propriedades da água, 16
    - A água nos seres vivos, 17
- Os sais minerais, 17

TEMA 3 — Carboidratos e lipídios ... 18
- Carboidratos, 18
    - Classificação dos carboidratos, 18
    - Principais funções dos carboidratos, 19
- **Saúde em pauta:** Intolerância à lactose ... 19
- Lipídios, 20
    - Classificação dos lipídios, 20
    - Principais funções dos lipídios, 21
- **Coletivo Ciências:** Estudantes do interior do RN descobrem forma de conservar frutas usando cera de abelha ... 21

TEMA 4 — Proteínas e ácidos nucleicos ... 22
- Proteínas, 22
    - Principais funções das proteínas, 22
- **Tecnologia em pauta:** Arroz e feijão, uma boa combinação de aminoácidos essenciais ... 23
    - Principais funções das proteínas, 23
- Ácidos nucleicos, 24
    - Composição dos ácidos nucleicos, 24
    - O DNA, 24
    - O RNA, 25
- Propriedades do DNA, 26
    - Replicação, 26
    - Transcrição, 26

TEMA 5 — Vitaminas e nutrição ... 27
- Vitaminas, 27
- Nutrição, 28
- Necessidades nutricionais e pirâmides alimentares, 28
- **Atividades** ... 29

TEMA 6 — Introdução à Biologia celular ... 30
- A descoberta da célula, 30
- Tipos de células, 31

TEMA 7 — Membrana plasmática ... 33
- Estrutura da membrana plasmática, 33
- Transporte através da membrana plasmática, 34
    - Transporte passivo, 34
        - *Difusão simples, 34, Osmose, 34, Difusão facilitada, 35*
    - Transporte ativo, 36
    - Endocitose, 36

TEMA 8 — Citoplasma ... 37

- Componentes do citoplasma, 37
    - Citosol, 37
    - Citoesqueleto, 37
    - Organelas, 37
        - *Ribossomos, 37, Retículo endoplasmático, 37, Complexo golgiense, 38, Lisossomos, 38*
        - *Mitocôndrias, 39, Cloroplastos, 39, Vacúolos, 39, Centríolos, 39*

TEMA 9 — Núcleo ... 40

- Componentes do núcleo, 40
    - Envelope nuclear, 40
    - Nucleoplasma, 40
    - Nucléolo, 40
    - Cromatina, 41

TEMA 10 — Metabolismo celular ... 43

- Obtenção de energia, 43
    - Fermentação, 43 — Respiração celular, 44 — Fotossíntese, 45

TEMA 11 — Ciclo celular ... 46

- Fases do ciclo celular, 46
- Interfase, 46
- Mitose, 47
- **Saúde em pauta:** Câncer ... 47
- Meiose, 48
    - Meiose e alterações no número de cromossomos, 49
- **Atividades** ... 50
- **Questões do Enem e de vestibulares** ... 52
- **Quadro-resumo** ... 53
- **Ler, compreender e escrever:** A química do vício ... 54

GENÉTICA E EVOLUÇÃO — UNIDADE 2 — 56

TEMA 1 – Introdução à Genética ... 57

- O surgimento da Genética, 57
- Reprodução e hereditariedade, 57
- Cromossomos e hereditariedade, 58
    - Tipos de cromossomos, 58
- Genes e hereditariedade, 59
    - Genes, código genético e proteínas, 59

TEMA 2 – A Genética mendeliana ... 61

- Mendel e a Genética, 61
    - Experimentos de Mendel, 61
        - *Cruzamentos de ervilhas, 62, Interpretação dos resultados, 63, Conclusões de Mendel, 63*
- A meiose e a primeira lei de Mendel, 63
- Genótipo e fenótipo, 64
- Cruzamento teste, 64
- Variações de dominância, 64
    - Dominância incompleta, 65, Codominância, 65, Alelos letais, 66
- Genética mendeliana e características humanas, 66
    - Análise de um heredograma, 66

TEMA 3 – Segunda lei de Mendel ... 67

- Herança de duas características, 67
- **Coletivo Ciências:** Influências ao trabalho de Mendel ... 67
- Meiose e a segunda lei de Mendel, 68
- Cálculo das proporções dos genótipos e fenótipos, 69

TEMA 4 – Herança de alelos múltiplos ... 70

- O que são alelos múltiplos?, 70
- A cor da pelagem em coelhos, 70
- Os grupos sanguíneos do sistema ABO, 71
  - Transfusões sanguíneas, 72
  - O fator Rh, 72
- **Saúde em pauta:** Eritroblastose fetal ... 72

TEMA 5 – Herança genética e sexo ... 73

- Influência do sexo na herança, 73
  - Cromossomos sexuais, 73
- Herança ligada ao sexo, 73
  - Daltonismo, 74
  - Hemofilia, 75
- Herança restrita ao sexo, 75
- Diferenciando a herança autossômica da relacionada ao sexo, 75

TEMA 6 – Alterações cromossômicas ... 76

- Tipos de alterações cromossômicas, 76
  - Alterações numéricas, 76
  - Alterações estruturais, 77
- **Atividades** ... 78

TEMA 7 – Teorias evolutivas ... 79

- Fixismo e transformismo, 79
- A teoria de Lamarck, 79
- A teoria de Darwin e Wallace, 80
  - A evolução por seleção natural, 81
  - Noedarwinismo, 81

TEMA 8 – Seleção natural em ação ... 82

- Resistência de bactérias a antibióticos, 82
- Resistência de insetos a inseticidas, 82
- **Ambiente em pauta:** Alternativa para o controle de insetos em plantações ... 83
- Seleção sexual, 83
- Especiação, 84
  - Típos de isolamento reprodutivo, 84

TEMA 9 – Evidências da evolução ... 85

- A evolução acontece, 85
- Semelhanças entre os seres vivos, 85
  - Estruturas homólogas, 85
  - Estruturas análogas, 86
  - Fósseis, 86
  - Órgãos vestigiais, 87
  - Variação geográfica, 87
- **Atividades** ... 88
- **Questões do Enem e de vestibulares** ... 90
- **Quadro-resumo** ... 91
- **Ler, compreender e escrever:** Como é criada uma nova raça de cachorro? ... 92

UNIDADE 3 | ECOLOGIA 94

TEMA 1 – O que é Ecologia 95
- O surgimento da Ecologia, 95
- A Ecologia como ciência, 95
- A valorização da Ecologia, 95

TEMA 2 – A organização dos sistemas ecológicos 96
- Os níveis de organização dos sistemas ecológicos, 96
- As interações entre os ecossistemas, 97
- Hábitat, 97
- Nicho ecológico, 97

TEMA 3 – Componentes dos ecossistemas 98
- Os ecossistemas, 98
  - Componentes bióticos e abióticos dos ecossistemas, 98
- Fatores que influenciam o ecossistema, 99
- **Saúde em pauta:** Você é um ecossistema 99
- **Atividades** 100

TEMA 4 – Cadeias e teias alimentares 102
- Cadeias alimentares, 102
  - Produtores, 102
  - Consumidores, 102
  - Decompositores, 103
- Teias alimentares, 104
- Ameaças às teias alimentares, 105

TEMA 5 – Fluxo de energia nos ecossistemas 106
- A transferência de energia na cadeia alimentar, 106
- Uso e perda de energia pelos seres vivos, 106
- Pirâmides ecológicas, 107
  - Pirâmide de energia, 107
  - Pirâmide de números, 107
  - Pirâmide de biomassa, 108
- **Tecnologia em pauta:** A energia na agricultura 108

TEMA 6 – Os ciclos biogeoquímicos 109
- A matéria nos ecossistemas, 109
- Ciclo da água, 109
- Ciclo do carbono, 110
  - Aquecimento global, 111
- Ciclo do oxigênio, 111
- Ciclo do nitrogênio, 112
- **Ambiente em pauta:** Os fertilizantes químicos 113
- **Atividades** 114

TEMA 7 – Estudo das populações 116
- Densidade populacional, 116
- Fatores que regulam o tamanho das populações, 116
  - Predação, 117
  - Competição, 117

TEMA 8 – Sucessão ecológica ... 118
- Sucessão ecológica primária, 118
  - Sucessão ecológica secundária, 119
- Comunidade clímax, 119

TEMA 9 – O ser humano no ambiente ... 120
- O crescimento populacional e o consumo, 120
- Problemas ambientais mundiais, 120
- Preservação ambiental e desenvolvimento econômico, 122
- O desenvolvimento sustentável, 122
  - Dimensões do desenvolvimento sustentável, 122
  - Medidas para um desenvolvimento sustentável, 122
- **Coletivo Ciências:** Reservas de Desenvolvimento Sustentável ... 123
- **Atividades** ... 124
- **Questões do Enem e de vestibulares** ... 126
- **Quadro-resumo** ... 127
- **Ler, compreender e escrever:** Painel alerta para a migração de espécies ... 128

UNIDADE 4

REPRODUÇÃO HUMANA E SEXUALIDADE ... 130

TEMA 1 – Reprodução animal ... 131
- A função reprodutiva, 131
  - Reprodução assexuada, 131
  - Reprodução sexuada, 131

TEMA 2 – A adolescência ... 132
- Quem é adolescente?, 132
- A puberdade, 132
- A sexualidade, 133
- A vida social, 133

TEMA 3 – O comportamento sexual ... 134
- Cultura e sexualidade, 134
- Sexo biológico e identidade de gênero, 135
- Orientação sexual, 135
- **Atividades** ... 136

TEMA 4 – Sistemas genitais ... 138
- O sistema genital masculino, 138
  - Ejaculação, 140
- O sistema genital feminino, 140
- Reações do organismo nas relações sexuais, 141

TEMA 5 – O ciclo menstrual ... 142
- Ciclo ovariano, 142
- Controle hormonal do ciclo menstrual, 143

TEMA 6 – Gravidez e parto **144**

- Fecundação, 144
- O período fértil, 144
- **Tecnologia em pauta:** Fertilização *in vitro* 145
- A gestação, 145
  - Os anexos embrionários, 145
- Parto, 147
- A gravidez na adolescência, 147
- **Saúde em pauta:** Aborto 147
- **Atividades** 148

TEMA 7 – Métodos contraceptivos **150**

- A contracepção, 150
  - Tipos de métodos contraceptivos, 150
- **Coletivo Ciências:** O conhecimento indígena sobre métodos anticoncepcionais 151

TEMA 8 – Doenças sexualmente transmissíveis **152**

- As DSTs, 152
  - Aids, 153
- **Ambiente em pauta:** O surgimento da aids 153
- **Atividades** 154
- **Questões do Enem e de vestibulares** 156
- **Quadro-resumo** 157
- **Ler, compreender e escrever:** Pesquisa sobre sexualidade revela preconceitos..... 158

Referências bibliográficas **160**

Hábitos da mente **161**

UNIDADE 1

BIOQUÍMICA E BIOLOGIA CELULAR

POR QUE ESTUDAR ESTA UNIDADE?

Todos os seres vivos são constituídos de átomos que, agrupados, formam compostos químicos, e estes fazem parte da estrutura das células. Conhecer a composição dos seres vivos e as funções que cada componente desempenha no organismo é importante para desenvolvermos uma visão integrada dos seres vivos e de nós mesmos. Nesta Unidade serão estudados os principais componentes moleculares dos seres vivos, as células e algumas atividades celulares imprescindíveis para a manutenção da vida, como a obtenção de energia e a divisão celular.

Micrografia de fibroblastos, células responsáveis pela manutenção da integridade estrutural dos tecidos e pela produção de fibras proteicas. O núcleo celular aparece em azul, e o citoesqueleto, em verde. As regiões em vermelho marcam o contato entre as células. (Imagem obtida com microscópio eletrônico, colorizada artificialmente e com aumento de cerca de 35.640 vezes.)

TEMA 1

Moléculas da vida

Os seres vivos são constituídos basicamente pelos mesmos tipos de molécula.

Composição dos seres vivos

Os seres vivos são formados por matéria. Matéria é tudo o que ocupa espaço e tem massa. Porém, por muito tempo não se sabia do que a matéria era composta. No século V a.C. o filósofo grego Leucipo e seu discípulo Demócrito acreditavam que a matéria era constituída por partículas indivisíveis, os **átomos**. Por volta de 1803, o químico e físico inglês John Dalton (1766-1844) retomou essa teoria, reformulou-a e propôs a **teoria atômica**, segundo a qual toda matéria é formada por átomos.

Diversos experimentos levaram à conclusão de que os átomos não são indivisíveis como se pensava, mas são constituídos por partículas ainda menores: os **prótons**, que têm carga positiva, os **nêutrons**, que são eletricamente neutros, e os **elétrons**, que têm carga negativa.

Na natureza existe mais de uma centena de tipos de átomos quimicamente diferentes. Cada um desses tipos representa um **elemento químico**.

Quando os elementos químicos se unem por meio de ligações químicas, formam os compostos químicos, que podem ser classificados em **orgânicos** ou **inorgânicos**.

Os compostos orgânicos são formados, basicamente, por átomos de carbono, que podem conter outros elementos químicos. Os carboidratos, as proteínas, os lipídios e os ácidos nucleicos são exemplos de moléculas orgânicas.

Os demais compostos químicos são considerados inorgânicos, por exemplo, a água, o gás carbônico, o gás oxigênio e os sais minerais.

PRINCIPAIS ELEMENTOS QUÍMICOS PRESENTES NO CORPO HUMANO

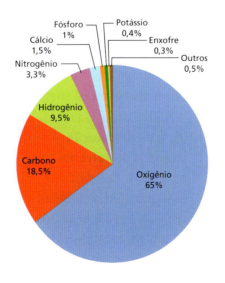

- Fósforo 1%
- Potássio 0,4%
- Cálcio 1,5%
- Enxofre 0,3%
- Nitrogênio 3,3%
- Outros 0,5%
- Hidrogênio 9,5%
- Carbono 18,5%
- Oxigênio 65%

Quatro elementos químicos formam mais de 95% da massa corporal do ser humano: carbono (C), oxigênio (O), nitrogênio (N) e hidrogênio (H). Elementos como cálcio (Ca), fósforo (P), potássio (K) e enxofre (S) correspondem, juntos, a pouco mais de 3% da massa corporal de uma pessoa.

Fonte: CAMPBELL, N. A. et al. *Biology*. 8. ed. San Francisco: Benjamin Cummings, 2008.

TEMA 2
A água e os sais minerais

A água e os sais minerais são os compostos inorgânicos dos seres vivos.

A água

A maioria dos seres vivos conhecidos não sobrevive na ausência de água. A quantidade de água no corpo dos seres vivos varia de espécie para espécie. Por exemplo, o corpo dos seres humanos é constituído por aproximadamente 65% de água, as águas-vivas, por mais de 95% de água. A quantidade de água em algumas espécies também pode variar de acordo com a idade: a proporção de água no corpo de um bebê é maior que a proporção no corpo de um humano adulto, por exemplo.

Propriedades da água

Cada molécula de água é formada por dois átomos de hidrogênio (H) e um átomo de oxigênio (O), e é representada pela fórmula H_2O. A disposição dos átomos na molécula faz com que as cargas elétricas não sejam distribuídas de maneira uniforme, criando um polo com cargas negativas e um com cargas positivas. Assim, a água é considerada uma **molécula polar**. Os polos positivos e negativos de diferentes moléculas se atraem, estabelecendo as **ligações de hidrogênio** (ou pontes de hidrogênio), que promovem a **coesão** entre as moléculas de água.

A coesão entre as moléculas de água faz com que a superfície do líquido se comporte como uma película elástica. Essa propriedade, chamada de **tensão superficial**, permite que pequenos insetos caminhem sobre a água sem afundar.

As moléculas de água também atraem outras moléculas e, assim, podem aderir a determinadas superfícies. Essa propriedade é denominada **adesão**.

A coesão e a adesão permitem que a água suba por tubos finos em um fenômeno conhecido como **capilaridade**. As moléculas de água ligam-se entre si e com as paredes do tubo, possibilitando a ascensão do líquido. Esse fenômeno é parte da explicação de como a água, absorvida pelas raízes das plantas, chega até suas folhas mais altas.

Outra propriedade da água relacionada a sua polaridade é a capacidade de **dissolução**. A água pode dissolver diversas substâncias, sendo chamada de **solvente universal**. Quando uma substância, como o açúcar ou o sal, é dissolvida em água, significa que as moléculas que compõem essa substância se separam e são envoltas por moléculas de água. Nesses casos, a água é chamada de solvente, e a substância dissolvida nela é o soluto. No entanto, há substâncias que não são dissolvidas em água, como o óleo. Dizemos que essas substâncias são insolúveis em água.

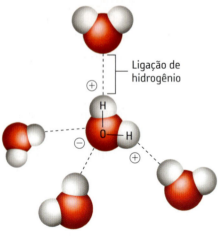

MOLÉCULAS DE ÁGUA LIGADAS ENTRE SI POR LIGAÇÕES DE HIDROGÊNIO

As ligações de hidrogênio estabelecem-se entre o polo positivo (região ocupada pelos hidrogênios, em branco) de uma molécula de água e o polo negativo (região ocupada pelo oxigênio, em vermelho) de outra molécula. (Imagem sem escala; cores-fantasia.)

Fonte: CAMPBELL, N. A. et al. *Biology.* 8. ed. San Francisco: Benjamin Cummings, 2008.

A água nos seres vivos

Por causa de suas propriedades químicas, a água desempenha diversas funções nos seres vivos. Algumas delas estão listadas a seguir.

- **Participação em reações químicas**. A água atua em diversas reações químicas dos organismos, como reagente ou como produto.
- **Atuação como solvente**. A água é capaz de dissolver gases, proteínas, aminoácidos e muitas outras substâncias, facilitando a ocorrência de reações químicas.
- **Meio de transporte**. O fluxo de água nas células e no organismo facilita o transporte de substâncias, como hormônios, nutrientes, gases, entre outras.
- **Proteção térmica**. A variação da temperatura da água é pequena, mesmo quando ela recebe grande quantidade de calor. Dessa forma, organismos que possuem grande quantidade de água em sua composição estão protegidos de variações de temperatura. Além disso, a evaporação da água presente no suor, por exemplo, contribui para o controle da temperatura corporal em alguns mamíferos.

Os sais minerais

Os sais minerais são substâncias inorgânicas presentes nos seres vivos. São encontrados principalmente nas células, dissolvidos em água na forma de **íons**, que são partículas dotadas de carga elétrica.

Os sais minerais são necessários para o bom funcionamento do organismo dos seres vivos e desempenham diversas funções, como mostra a tabela a seguir.

Os seres vivos não são capazes de produzir sais minerais; assim, devem obtê-los por meio da nutrição, no caso dos organismos heterótrofos, e da absorção do meio em que vivem, no caso dos organismos autótrofos.

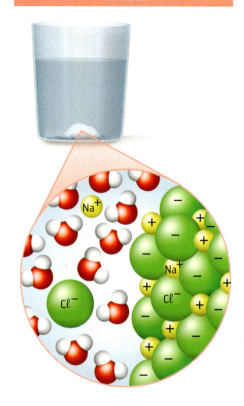

DISSOLUÇÃO DO SAL DE COZINHA (NaCℓ) EM ÁGUA

O sal de cozinha (NaCℓ) é uma substância que se dissolve em água. Quando o sal estiver completamente dissolvido, não será mais possível distingui-lo da água. (Imagem sem escala; cores-fantasia.)

Fonte: CAMPBELL, N. A. et al. Biology. 8. ed. San Francisco: Benjamin Cummings, 2008.

ALGUNS ÍONS MINERAIS, PRINCIPAIS FUNÇÕES E FONTE ALIMENTAR		
Íon mineral	**Funções**	**Fontes alimentares**
Cálcio (Ca^{2+})	Componente de ossos, dentes, conchas. Atua na contração muscular e na coagulação sanguínea.	Vegetais, leite e derivados.
Sódio (Na^+)	Atua na transmissão do impulso nervoso e no transporte de substâncias através da membrana celular.	Sal de cozinha e outros alimentos.
Potássio (K^+)	Atua na transmissão do impulso nervoso e no transporte de substâncias através da membrana celular.	Carnes, frutas, leite e derivados.
Magnésio (Mg^{2+})	Nos animais, compõe algumas enzimas, nervos e músculos; nas plantas, é parte da molécula de clorofila, pigmento responsável pela captação da energia luminosa no processo de fotossíntese.	Cereais integrais e folhas verdes.
Ferro (Fe^{2+})	Compõe a molécula de hemoglobina, pigmento presente nas hemácias dos vertebrados, responsável pelo transporte de gases respiratórios.	Carnes, ovos, cereais integrais e leguminosas.
Iodo (I^-)	Integra moléculas de hormônios que atuam no metabolismo.	Vegetais, peixes, frutos do mar e sal de cozinha iodado.

TEMA 3

Carboidratos e lipídios

Carboidratos e lipídios são importantes fontes de energia para os seres vivos.

Carboidratos

Os carboidratos são moléculas orgânicas também conhecidas como glicídios ou açúcares. Essas substâncias constituem a principal fonte de energia para as células desempenharem suas funções, como produzir e transportar substâncias, crescer e se dividir.

Por meio da fotossíntese, os organismos autótrofos, como as plantas e as algas, produzem seu próprio alimento, que é um tipo de carboidrato. Já os organismos heterótrofos, como os animais, devem obter essas moléculas por meio da nutrição. Os carboidratos estão presentes em diversos alimentos, como frutas, legumes, pães, massas e doces.

Classificação dos carboidratos

Os carboidratos podem ser classificados, de acordo com a organização e o tamanho de sua molécula, em três grupos: monossacarídios, dissacarídios e polissacarídios.

Os **monossacarídios** são os carboidratos mais simples. Possuem de três a sete carbonos na estrutura molecular e recebem nomes de acordo com o número de carbonos. Por exemplo: a glicose é uma hexose, pois contém seis carbonos. Outros exemplos de hexoses são a galactose (presente no leite) e a frutose (presente nas frutas). A ribose, que compõe o RNA, e a desoxirribose, que compõe o DNA, são pentoses, pois têm cinco carbonos na molécula.

Os **dissacarídios** são carboidratos formados pela junção de duas moléculas de monossacarídios, como a sacarose (glicose + frutose), presente na cana-de-açúcar; a maltose (glicose + glicose), presente em vegetais; e a lactose (glicose + galactose), presente no leite.

A cana-de-açúcar é uma planta que acumula sacarose em seu caule.

As frutas são fonte de carboidratos simples, como a frutose.

Os **polissacarídios** são carboidratos constituídos por centenas ou milhares de monossacarídios. Essas moléculas recebem o nome de polímeros de monossacarídios. São exemplos a celulose, o amido, o glicogênio e a quitina.

Principais funções dos carboidratos

Os carboidratos desempenham dois papéis principais nos seres vivos: energético e estrutural.

- **Energético**. A glicose é a principal fonte de energia para as células. As plantas podem armazenar glicose na forma de amido para utilizá-la quando necessário, ao passo que os animais armazenam glicose na forma de glicogênio, que fica estocado nas células musculares e no fígado.
- **Estrutural**. Alguns polissacarídios compõem uma parte orgânica dos seres vivos: como a celulose, que constitui a parede das células vegetais, e a quitina, que compõe o exoesqueleto dos artrópodes.

A celulose e a quitina são exemplos de polissacarídios. (**A**) A parede celular das folhas da alface é rica em celulose. (**B**) A quitina forma o exoesqueleto dos artrópodes, como o besouro (na imagem besouro da espécie *Geotrupes stercorarius*).

SAÚDE EM PAUTA

Intolerância à lactose

Ela é causada pela falta da enzima lactase, responsável pela digestão do açúcar do leite (lactose) [...].

[...] Os sintomas mais comuns [...] são: dores abdominais, gases (flatulência), sensação de inchaço, cólicas e diarreia.

Quando a lactose não é digerida, ela passa pelos intestinos e pode causar edemas e irritações que dificultam a absorção de vitaminas e minerais. Quanto mais lactose é consumida, piores são os sintomas.

A deficiência primária em lactase é um problema que dura a vida inteira, sendo necessário substituir o leite e seus derivados na dieta. Mas também existe outro tipo de intolerância à lactose [...] que se manifesta quando o organismo do bebê ainda não está "maduro" o suficiente para assimilar grandes doses de lactose. Este tipo de deficiência tende a desaparecer com a idade.

Para identificar [o problema] e tratar de uma criança com intolerância à lactose é fundamental a avaliação médica. [...] É importante que se destaque que "intolerância à lactose" não é o mesmo que "alergia ao leite".

A alergia ao leite é uma reação com sintomas muito mais severos (congestão respiratória, edema, coceira, vômitos etc.) e que ocorre quando a proteína do leite é ingerida. Já a intolerância à lactose surge devido ao açúcar do leite.

Ao ser diagnosticada a intolerância à lactose, o primeiro passo é seguir rigorosamente a dieta prescrita pelo médico. [...] Como a intolerância à lactose não é uma doença e sim uma deficiência do organismo, ela pode ser facilmente controlada, permitido que a criança tenha uma vida saudável e tranquila. [...]

Fonte: Hospital das Clínicas, Faculdade de Medicina de Botucatu. Disponível em: <http://www.hc.fmb.unesp.br/assistencia/servico-tecnico-de-nutricao-e-dietetica/nutricao-e-patologia/intolerancia-a-lactose>. **Acesso em:** jun. 2014.

GLOSSÁRIO

Edema: inchaço

Lipídios

Os lipídios são substâncias orgânicas de estrutura molecular variada e insolúveis em água. São também chamados de óleos ou gorduras.

Classificação dos lipídios

Os lipídios podem ser classificados em glicerídios, fosfolipídios, ceras, esteroides e carotenoides.

Os **glicerídios** podem ser de origem animal, como a gordura presente em carnes, manteiga e ovos, ou de origem vegetal, como os óleos vegetais, presentes no azeite de oliva ou no óleo de soja. Os glicerídios de origem animal são sólidos a temperatura ambiente, enquanto os de origem vegetal são líquidos.

Os **fosfolipídios** constituem as membranas plasmáticas das células de todos os seres vivos. Cada molécula de fosfolipídio tem uma região hidrofílica (que tem afinidade com a água) e uma região hidrofóbica (sem afinidade com a água). Essa característica permite que esses lipídios separem meios aquosos, como o meio intra e extracelular, pela forma como se posicionam na membrana plasmática. Os lipídios dispõem-se em uma camada dupla, e as regiões hidrofílicas ficam voltadas para os meios intra e extracelular (aquosos). As regiões hidrofóbicas voltam-se para o interior da dupla membrana.

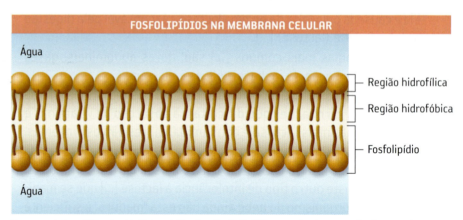

Esquema simplificado da disposição dos fosfolipídios em dupla camada, formando uma membrana que separa dois meios aquosos. (Imagem sem escala; cores-fantasia.)

Fonte: RAVEN, P. et al. *Biology*. 9. ed. Nova York: McGraw-Hill, 2011.

As **ceras** são lipídios produzidos por animais e plantas. Nas plantas, de forma geral, as ceras têm função impermeabilizante. São produzidas e depositadas na superfície das folhas ou dos frutos para diminuir a perda de água. A cera produzida pelas abelhas também é formada por lipídios, assim como o cerume presente nas orelhas de alguns mamíferos.

Os **esteroides** formam um conjunto de substâncias muito variadas. Um exemplo é o colesterol, lipídio presente em alimentos de origem animal, como carne, leite e ovos, que faz parte da composição das membranas celulares dos animais. Os hormônios sexuais, como o estrógeno (nas fêmeas) e a testosterona (nos machos) também são exemplos de esteroides.

Os **carotenoides** são pigmentos avermelhados e alaranjados produzidos por seres autótrofos que participam do processo de fotossíntese.

Principais funções dos lipídios

Entre as principais funções dos lipídios, destacam-se as de reserva energética, isolante térmico, estrutural e reguladora.

- **Reserva energética**. Animais e plantas armazenam lipídios em seus corpos. Esses lipídios são utilizados como fonte de energia para as células quando há pouco carboidrato disponível. Nas plantas, os lipídios são armazenados em sementes e frutos; nos animais, no tecido adiposo.
- **Isolante térmico**. Nos animais, como os mamíferos, o tecido adiposo está localizado abaixo da pele e funciona como isolante térmico, ajudando a manter a temperatura corporal.
- **Estrutural**. Os fosfolipídios e o colesterol compõem a membrana plasmática das células.
- **Reguladora**. Alguns lipídios, como o colesterol, são precursores de substâncias reguladoras das funções do corpo, como certos hormônios.

A gordura acumulada logo abaixo da pele dos cetáceos, como no cachalote (*Physeter macrocephalus*) mostrado na fotografia, ajuda na manutenção da temperatura corporal, mesmo quando esses animais nadam em águas geladas.

COLETIVO CIÊNCIAS

Estudantes do interior do RN descobrem forma de conservar frutas usando cera de abelha

O estudante Francisco Jociel Fernandes, de 17 anos [...], queria que a pequena produção de mel do seu sítio, na cidade de Apodi, pudesse ter novos usos e, assim, incrementar a renda familiar. Ao lado de dois amigos da escola, buscou novas funções à cera de abelha. O resultado foi uma película protetora para a conservação de frutas. O produto consegue proteger os alimentos por até 75 dias. No início de março [de 2013], venceram a Feira Brasileira de Ciências e Engenharia (Febrace), da Universidade de São Paulo (USP), nas categorias Empreendedorismo e Ciências Agrárias. [...]

O embrião do estudo surgiu com uma dúvida. "Eu via aquela cera toda sem serventia e pensava no que eu poderia fazer com isso." [...]

Antes da pesquisa, num livro de História, leu que os egípcios utilizavam a cera de abelha para conservar os corpos dos faraós – durante o processo de mumificação. "Aí, surgiu uma ideia: que tal usar a cera para preservar alimentos? [...]. Nosso foco foi esse, a conservação da produção agrícola", conta. [...]

A meta dos três, que estão encerrando este ano o ensino médio, é ingressar na faculdade de Química ou de Engenharia de Alimentos. Os estudantes querem melhorar ainda mais a invenção. "Se possível, buscar outros usos para a cera de abelha. [...]", detalha o jovem pesquisador. [...]

Fonte: Estudantes do interior do RN descobrem forma de conservar frutas usando cera de abelha, de J. Oliveira. Natal: *Novo Jornal*, 27 mar. 2013. Disponível em: <http://www.novojornal.jor.br/_conteudo/2013/03/cidades/9487-estudantes-do-interior-do-rn-descobrem-forma-de-conservar-frutas-usando-cera-de-abelha.php>. **Acesso em:** jun. 2014.

TEMA 4

Proteínas e ácidos nucleicos

As proteínas são as moléculas orgânicas mais abundantes nos seres vivos. Nos ácidos nucleicos estão codificadas as informações hereditárias dos organismos.

Proteínas

As proteínas são as moléculas orgânicas mais abundantes nos seres vivos, sendo importantes tanto na estrutura como no funcionamento das células.

Elas são formadas por dezenas ou centenas de unidades menores, os **aminoácidos**, compostas basicamente de átomos de carbono, hidrogênio, oxigênio e nitrogênio. Alguns aminoácidos podem conter átomos de enxofre. Existem 20 tipos de aminoácidos que compõem as proteínas. Os vegetais conseguem produzir todos os tipos de aminoácidos, enquanto os animais devem obter parte deles por meio da dieta, por não serem capazes de produzi-los. Os aminoácidos produzidos por um organismo são chamados de **aminoácidos naturais**. Aqueles obtidos por meio da dieta são denominados **aminoácidos essenciais**.

Os seres humanos precisam obter nove aminoácidos essenciais por meio da dieta. Os alimentos ricos em proteína de origem animal, como carne, peixes e ovos, fornecem todos os aminoácidos essenciais para os seres humanos. Alimentos de origem vegetal, como soja, feijão, arroz, grão-de-bico, geralmente são deficientes em um ou mais aminoácidos essenciais, devendo ser combinados na dieta. Por essa razão, pessoas com dieta restritiva aos alimentos de origem animal devem ficar atentas para que não sofram com a falta de certos aminoácidos.

Para formar as proteínas, os aminoácidos combinam-se por meio de ligações químicas denominadas **ligações peptídicas**. As proteínas podem diferir quanto ao tipo, à quantidade e à ordem dos aminoácidos que as compõem.

Principais funções das proteínas

As proteínas são essenciais aos seres vivos, participando de diversas funções, como as citadas a seguir.

- **Estrutural**. As proteínas compõem a membrana plasmática e os filamentos que sustentam as células. O colágeno, por exemplo, é uma proteína presente na pele, nos tendões e nos ligamentos. A queratina, outro tipo de proteína, recobre as células da pele e forma pelos, unhas, penas, garras, bicos e placas córneas em diversos animais.
- **Enzimática**. As **enzimas** são proteínas que facilitam as reações químicas. Praticamente todas as reações químicas que ocorrem nos seres vivos dependem da ação de enzimas. Um exemplo é a amilase salivar, enzima presente na saliva e que auxilia no início da digestão dos carboidratos.

ESTRUTURA PRIMÁRIA DE UMA PROTEÍNA

Esquema da estrutura de uma proteína. Cada círculo de cor diferente representa um aminoácido distinto. (Imagem sem escala; cores-fantasia.)

Fonte: CAMPBELL, N. A. et al. *Biology*. 8. ed. San Francisco: Benjamin Cummings, 2008.

- **Transporte**. Na membrana plasmática das células há proteínas responsáveis pelo transporte de íons entre os meios intra e extracelulares. No sangue dos mamíferos, a hemoglobina é uma proteína que transporta os gases respiratórios para todas as células do corpo.
- **Defesa**. Os **anticorpos** são proteínas responsáveis pela defesa do organismo contra agentes estranhos, como vírus e bactérias, que podem causar doenças.

O bico das aves, como o do tucano-toco (*Ramphastos toco*), é composto de queratina, assim como as penas do animal.

TECNOLOGIA EM PAUTA

Arroz e feijão, uma boa combinação de aminoácidos essenciais

O arroz e o feijão são dois alimentos que, quando consumidos juntos, fornecem todos os aminoácidos essenciais para o ser humano. Os aminoácidos que faltam no feijão estão presentes no arroz e vice-versa. Porém, há quem não goste ou não possa consumir os dois alimentos juntos. Pensando nesse público, pesquisadores da Universidade Federal de Viçosa (UFV), Minas Gerais, criaram estratégias para preparar um arroz ou um feijão completo em relação aos aminoácidos. A engenheira de alimentos responsável pela pesquisa destacou que os benefícios dessa criação podem ser mais amplos, pensando na melhoria da merenda escolar e na dieta de pacientes hospitalizados.

Os pesquisadores desenvolveram uma embalagem que libera no arroz o aminoácido lisina, que existe naturalmente no feijão. A embalagem é feita de um filme biodegradável à base de celulose e tem os aminoácidos do feijão que faltam no arroz. O arroz é preparado com embalagem e os aminoácidos são liberados durante o cozimento. Para o feijão, os pesquisadores desenvolveram uma cera feita de carnaúba, natural e comestível. Os grãos do feijão são cobertos com a cera que, na hora do preparo, derrete, misturando-se ao caldo e liberando os aminoácidos metionina e cisteína, presentes naturalmente no arroz. Assim, mesmo ao consumir só o arroz ou só o feijão, obtém-se um alimento nutritivo e completo em relação à composição dos aminoácidos.

O consumo de arroz e feijão, muito comum na cultura brasileira, fornece todos os aminoácidos essenciais de que precisamos. Mas vale ressaltar que, para manter a saúde, é preciso ter uma dieta saudável e equilibrada.

Ácidos nucleicos

Os ácidos nucleicos são moléculas orgânicas relacionadas ao controle das atividades celulares, ao armazenamento e à transmissão das informações hereditárias ao longo das gerações. Há dois tipos de ácidos nucleicos, o **DNA** (ácido desoxirribonucleico) e o **RNA** (ácido ribonucleico).

Composição dos ácidos nucleicos

Os ácidos nucleicos são moléculas constituídas de unidades interligadas, chamadas de **nucleotídios**. Cada nucleotídio é composto de um **grupo fosfato**, uma **pentose** (monossacarídio com cinco átomos de carbonos) e uma **base nitrogenada**.

As pentoses são diferentes no DNA e no RNA. No DNA a pentose é a desoxirribose, enquanto no RNA é a ribose. As bases nitrogenadas podem ser de cinco tipos: **adenina (A)**, **timina (T)**, **guanina (G)**, **citosina (C)** e **uracila (U)**. A uracila está presente apenas no RNA e a timina é exclusiva do DNA.

O DNA

No DNA estão codificadas as informações genéticas que controlam praticamente todos os processos celulares. Essas informações são transmitidas de uma geração para a próxima. A molécula de DNA é formada por duas cadeias de nucleotídios ligadas entre si por meio de ligações de hidrogênio entre as bases nitrogenadas. A ligação entre as bases ocorre de maneira definida; assim, a adenina emparelha-se e compõe pontes de hidrogênio com a timina (A ⇔ T); a guanina emparelha-se e forma pontes de hidrogênio com a citosina (G ⇔ C). As duas cadeias de nucleotídios encontram-se torcidas uma sobre a outra, originando uma estrutura helicoidal, em dupla-hélice, semelhante a uma escada de corda retorcida, em que os degraus são as bases nitrogenadas e o corrimão é a pentose e o grupo fosfato. O DNA tem a capacidade de duplicar sua molécula em um processo chamado de **replicação**.

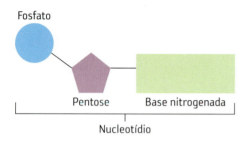

ESTRUTURA DE UM NUCLEOTÍDIO

Fosfato — Pentose — Base nitrogenada
Nucleotídio

Esquema dos elementos que formam um nucleotídio. (Imagem sem escala; cores-fantasia.)

Os ácidos nucleicos são as moléculas responsáveis pela transmissão das características dos pais para os filhos. Na imagem, onça-pintada (*Panthera onca*) com filhotes.

1,8 m

ESTRUTURA DO DNA

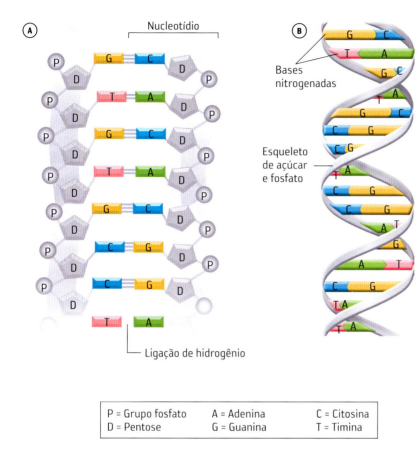

| P = Grupo fosfato | A = Adenina | C = Citosina |
| D = Pentose | G = Guanina | T = Timina |

Esquema do modelo da estrutura plana do DNA (**A**) e da estrutura espacial em dupla-hélice (**B**). (Imagens sem escala; cores-fantasia.)

Fonte: RAVEN, P. et al. *Biology*. 9. ed. Nova York: McGraw-Hill, 2011.

O RNA

O RNA é formado por apenas uma cadeia de nucleotídios. As bases nitrogenadas presentes no RNA são a adenina, a uracila, a guanina e a citosina. O RNA, de forma geral, é responsável pela expressão das informações contidas no DNA, atuando na produção de proteínas. As moléculas de RNA são produzidas de moléculas de DNA pelo processo de **transcrição**.

Saiba mais!

A DESCOBERTA DA FORMA DA MOLÉCULA DE DNA

Em 1952, a biofísica britânica Rosalind Franklin (1920-1958) realizou um experimento em que raios X foram disparados contra moléculas de DNA. A difração dos raios X nas moléculas de DNA foi captada em um filme fotográfico, formando uma imagem que dava uma ideia da posição dos átomos na molécula de DNA. Examinando os dados de Rosalind, James Watson (1928-), biólogo molecular, geneticista e zoologista estadunidense, e Francis Crick (1916-2004), biólogo molecular, biofísico e neurocientista britânico, propuseram, em 1953, o modelo tridimensional de dupla-hélice para a molécula de DNA, que ficou conhecido como modelo de Watson e Crick.

Os pesquisadores James Watson (à esquerda) e Francis Crick (à direita) ganharam o prêmio Nobel de Medicina e Fisiologia em 1962 pela descoberta da estrutura do DNA.

Propriedades do DNA

A forma e a composição química do DNA conferem a ele duas propriedades importantes para a transmissão e a expressão das características biológicas: a **replicação** e a **transcrição**.

Replicação

Por meio do processo de replicação, o DNA se duplica. De modo simplificado, podemos dizer que a duplicação se inicia com a separação das duas cadeias de nucleotídios, e cada cadeia serve como molde sobre a qual será construída uma nova cadeia de nucleotídios. Os nucleotídios livres, presentes no núcleo, formam as novas cadeias, ligando-se às bases nitrogenadas complementares das cadeias originais. Assim, a base timina liga-se à adenina e a base citosina liga-se à guanina. Ao final do processo haverá duas moléculas de DNA idênticas, cada uma delas formada por uma cadeia da molécula original e outra cadeia nova. Por isso, a replicação do DNA é chamada de **semiconservativa**.

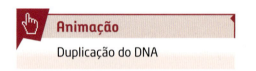

Animação
Duplicação do DNA

REPLICAÇÃO DO DNA

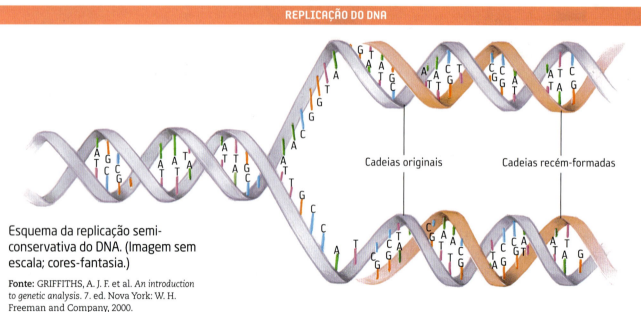

Esquema da replicação semiconservativa do DNA. (Imagem sem escala; cores-fantasia.)

Fonte: GRIFFITHS, A. J. F. et al. *An introduction to genetic analysis.* 7. ed. Nova York: W. H. Freeman and Company, 2000.

Transcrição

As moléculas de RNA são produzidas a partir do DNA pelo processo de transcrição. De modo simplificado, podemos dizer que a transcrição se inicia com a separação das duas cadeias do DNA, e os nucleotídios de RNA livres no núcleo vão se emparelhando gradualmente a uma das cadeias do DNA, denominada **fita ativa** ou **fita molde**. O pareamento ocorre entre as bases de adenina com uracila e as de guanina com citosina. Ao final do processo há a formação da molécula de RNA e as cadeias do DNA voltam a se unir.

PROCESSO DE TRANSCRIÇÃO

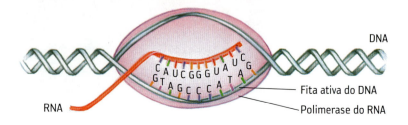

Esquema do processo de transcrição. A enzima polimerase, de maneira geral, auxilia na separação da dupla fita de DNA e orienta o emparelhamento dos nucleotídios. (Imagem sem escala; cores-fantasia.)

Fonte: GRIFFITHS, A. J. F. et al. *An introduction to genetic analysis.* 7. ed. Nova York: W. H. Freeman and Company, 2000.

TEMA 5

Vitaminas e nutrição

Uma dieta variada e balanceada garante a obtenção das vitaminas de que nosso corpo precisa para se manter saudável.

Vitaminas

As vitaminas são moléculas orgânicas que desempenham papéis diversos nos seres vivos. De forma geral, elas atuam juntamente com as enzimas nas reações químicas. Embora sejam necessárias em pequenas quantidades, são essenciais para o bom funcionamento do organismo, e sua falta pode causar diversos problemas.

Há dois tipos de vitaminas: as hidrossolúveis e as lipossolúveis.

As vitaminas **hidrossolúveis** são solúveis em água e devem ser ingeridas com frequência, pois são acumuladas em pequenas quantidades no organismo e, quando em excesso, são eliminadas pela urina. A vitamina C e as vitaminas do complexo B são hidrossolúveis.

As vitaminas **lipossolúveis** são solúveis em lipídios e não precisam ser ingeridas diariamente, pois são armazenadas no tecido adiposo. As vitaminas A, D, E e K são lipossolúveis.

As plantas sintetizam diversas vitaminas; os animais devem obter a maioria delas por meio da dieta. Assim, uma dieta rica em frutas, verduras, grãos e cereais variados fornece grande variedade de vitaminas ao corpo humano. Alimentos de origem animal, como carnes, ovos e leite, também contêm vitaminas, principalmente as lipossolúveis.

ALGUMAS VITAMINAS, FONTES, FUNÇÕES E DISTÚRBIOS DEVIDO À CARÊNCIA			
Vitamina	Fontes	Principais funções	Distúrbios devido à carência
Lipossolúveis			
A	Fígado, gema de ovo, laticínios, vegetais alaranjados, como a cenoura, e de folhas verde-escuras, como o espinafre.	Protege a pele e os olhos e ajuda a prevenir resfriados e outras infecções.	Cegueira noturna, uma doença que causa a dificuldade em enxergar em ambientes com pouca luz.
D	Sardinha, salmão, gema de ovo, leite e derivados.	Auxilia na manutenção de dentes e ossos. A maioria dos alimentos contém um precursor da vitamina D, que é produzida nas células da pele quando nos expomos aos raios solares.	Raquitismo, doença na qual ossos e dentes se tornam frágeis.
E	Óleos vegetais, cereais integrais e vegetais de folhas verde-escuras.	Antioxidante, ajudando a combater os radicais livres; auxilia na manutenção das membranas das células.	Degeneração e anormalidades da membrana plasmática e de organelas celulares.
K	Fígado, gema de ovo e folhas verde-escuras.	Atua no sistema de defesa do corpo e na coagulação do sangue.	Hemorragias.
Hidrossolúveis			
Complexo B	Cereais integrais, frutas, legumes, feijão, fígado, carnes, ovos, leite e derivados.	As vitaminas do complexo B atuam em vários sistemas do corpo humano, auxiliando no funcionamento de músculos, nervos e do sistema digestório.	Fraqueza muscular, anemia e alterações ósseas.
C	Frutas, como laranja, pitanga, morango e acerola, e vegetais frescos, como tomate, alface e rúcula, entre outros.	Manutenção da saúde de gengivas, ossos, cartilagens e vasos sanguíneos.	Escorbuto, doença na qual há sangramento da gengiva e lesões nas articulações.

Reprodução proibida. Art. 184 do Código Penal e Lei 9.610 de 19 de fevereiro de 1998.

Nutrição

O organismo dos animais, como o ser humano, precisa de matéria-prima e energia para construir suas estruturas e desempenhar suas funções. As matérias-primas e a energia são obtidas pela nutrição, pois é por meio dela que os nutrientes, como carboidratos, lipídios, proteínas, vitaminas e sais minerais, presentes nos alimentos são aproveitados pelo corpo e levados até as células.

A energia necessária para o funcionamento do organismo é medida em **caloria**, usualmente expressa em **quilocaloria** (Kcal). Cada nutriente ingerido tem um valor energético distinto. Assim, a mesma quantidade de carboidratos e lipídios fornece quantidades diferentes de energia para o organismo. Os carboidratos e as proteínas fornecem cerca de 4 Kcal por grama; os lipídios fornecem cerca de 9 Kcal por grama ingerido.

Nas embalagens dos alimentos industrializados há uma tabela nutricional com informações importantes, como quantidade dos nutrientes e valor energético, que devem ser consideradas na escolha dos alimentos.

Entrando na rede

No endereço da internet **http://www.unifesp.br/dis/servicos/nutri**, você encontra informações sobre a composição nutricional de diversos alimentos.

Acesso em: mar. 2014.

Necessidades nutricionais e pirâmides alimentares

Qualquer atividade que o organismo desempenha demanda energia. Mesmo em repouso, durante o sono, em nós, seres humanos, o coração continua batendo, o sangue circulando e continuamos respirando. Todas essas atividades consomem energia.

A necessidade energética diária para manter as atividades vitais básicas de uma pessoa em repouso é denominada **metabolismo basal** e varia de acordo com o sexo, a idade, a massa corpórea, entre outros fatores. Estima-se que um homem adulto, de massa corpórea e estatura medianas, necessite de aproximadamente 2.000 Kcal por dia. Qualquer outra atividade, como ler, caminhar ou dançar, faz com que o corpo gaste mais energia do que o metabolismo basal, alterando as necessidades energéticas.

Para ajudar as pessoas a se conscientizar sobre como deve ser uma boa alimentação, foram criadas as **pirâmides alimentares**. Elas são representações gráficas, aprovadas pela Organização Mundial da Saúde (OMS), que indicam a proporção que deve ser ingerida de cada nutriente. Para manter a saúde, além de uma alimentação adequada, é recomendada a prática regular de atividade física.

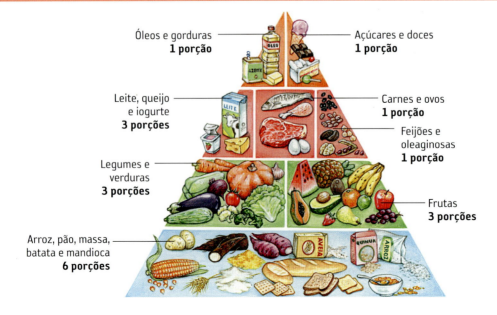

Uma alimentação adequada deve ser variada, isto é, conter alimentos com os diversos tipos de nutrientes, e balanceada, ou seja, a quantidade de cada nutriente deve ser adequada para suprir as necessidades nutricionais do organismo. (Imagem sem escala; cores-fantasia.)

Fonte: Ministério da Saúde.

ATIVIDADES

TEMAS 1 A 5

ORGANIZAR O CONHECIMENTO

1. Complete a frase com os termos do quadro.

> carbono; enxofre; oxigênio; nitrogênio; cálcio; fósforo; hidrogênio; potássio

   Nos seres humanos, quatro elementos formam mais de 95% da massa corporal; são eles: _____, _____, _____ e _____. Já outros elementos, como o _____, o _____, o _____ e o _____, correspondem, juntos, a cerca de 3% da massa corporal de um ser humano.

2. Relacione as funções da água às suas respectivas descrições.
   a) Participação em reações químicas
   b) Atuação como solvente
   c) Meio de transporte
   d) Proteção térmica

   I. A variação da temperatura da água é pequena, mesmo quando ela recebe grande quantidade de calor. Dessa forma, organismos que possuem grande quantidade de água em sua composição estão protegidos de variações de temperatura.
   II. O fluxo de água dentro das células e dos organismos facilita o transporte de substâncias.
   III. A água é capaz de dissolver gases, proteínas, aminoácidos e muitas outras substâncias.
   IV. A água atua em diversas reações químicas dos organismos, como reagente ou como produto.

3. Sobre os sais minerais, faça o que se pede.
   a) Cite qual é o íon mineral que integra moléculas de hormônios que estimulam o metabolismo.
   b) Cite alguns alimentos ricos em ferro.
   c) Mencione os dois minerais que atuam na transmissão do impulso nervoso e no transporte de substâncias através da membrana celular.
   d) Explique quais são as principais funções do cálcio para os seres vivos.
   e) Qual é a importância do íon mineral magnésio para as plantas?

4. Complete a tabela a seguir.

Carboidratos	Descrição	Exemplos
Monossacarídios		
Dissacarídios		
Polissacarídios		

5. Sobre os ácidos nucleicos, faça o que se pede.
   a) Quais são as unidades formadoras dos ácidos nucleicos?
   b) Faça um esquema de uma unidade formadora dos ácidos nucleicos e dê nome às partes que a constitui.

6. Cite as principais funções das proteínas e dê um exemplo para cada uma delas.

7. Complete as lacunas com os termos listados a seguir.
   • Glicerídios • Ceras • Carotenoides
   • Fosfolipídios • Esteroide

   a) Os _____ constituem a membrana plasmática das células de todos os seres vivos.
   b) Nas plantas, de forma geral, as _____ têm função impermeabilizante.
   c) Os pigmentos avermelhados e alaranjados, conhecidos como _____, são produzidos pelos seres autótrofos e participam do processo de fotossíntese.
   d) Os _____ de origem animal são sólidos a temperatura ambiente, já os de origem vegetal são líquidos.
   e) Um exemplo de _____ é o colesterol, lipídio presente em alimentos de origem animal, como carne, leite e ovos, que faz parte da composição das membranas celulares dos seres humanos e de outros animais.

ANALISAR

8. Há vários tipos de gorduras. Algumas são essenciais para o bom funcionamento do nosso corpo, enquanto outras podem causar sérios problemas para o organismo. Em dupla, façam uma pesquisa sobre o significado dos termos "gorduras saturadas" e "gorduras *trans*" e, depois, respondam às questões a seguir.
   a) O que são as gorduras saturadas? E as gorduras *trans*?
   b) Em que alimentos estão presentes?
   c) Esses tipos de gorduras devem ser consumidos com frequência? Por quê?

9. Considerando o trecho da molécula de ácido nucleico a seguir, faça o que se pede.

   a) O trecho representado pertence a uma molécula de DNA ou RNA? Justifique sua resposta.
   b) Pelo processo de transcrição, qual é o tipo de ácido nucleico produzido?
   c) Esquematize o trecho da molécula de ácido nucleico de fita simples que seria produzido, utilizando como molde a cadeia indicada pela seta.

10. Sem considerar problemas no metabolismo, como distúrbios endócrinos, elabore hipóteses para as questões a seguir: o que acontece quando uma pessoa ingere uma quantidade de calorias igual à que gasta nas suas atividades diárias? E se ela ingerir calorias a mais ou a menos que suas necessidades energéticas?

29

TEMA 6

Introdução à Biologia celular

Segundo a teoria celular, todos os seres vivos são formados por células.

A descoberta da célula

A maioria das células é microscópica, ou seja, não pode ser vista a olho nu. Assim, a descoberta e o estudo das células só foram possíveis com o desenvolvimento dos microscópios, instrumentos que ampliam as imagens, permitindo a visualização de estruturas muito pequenas, como é o caso das células.

O primeiro microscópio foi desenvolvido pelo fabricante de óculos holandês Hans Janssen e seu filho Zacharias Janssen (1580-1638) por volta de 1590. Eles constataram que a montagem de duas lentes em um cilindro tinha a capacidade de aumentar o tamanho das imagens, permitindo a observação detalhada de objetos invisíveis a olho nu.

Em 1665, o físico britânico Robert Hooke (1635-1703) desenvolveu seu primeiro microscópio composto de duas lentes e o utilizou para observar diversos materiais, entre eles um fino pedaço de cortiça, material extraído da casca de uma árvore. Nessa observação, constatou que a cortiça era formada por pequenos compartimentos, como pequenas celas, que ele denominou células (do latim *cella*, pequeno quarto). A cortiça é um tecido vegetal morto e por isso não apresenta conteúdo celular, apenas as paredes celulares.

Réplica do microscópio desenvolvido por Hooke e desenho feito por ele ao analisar pedaços de cortiça. Os compartimentos visualizados por Hooke eram na verdade apenas os envoltórios das células vegetais, pois a cortiça é um tecido morto.

30

Em 1674, Antony van Leeuwenhoek (1632-1723) inventou um microscópio simples, com o qual observou uma série de materiais biológicos, como fibras musculares, espermatozoides e bactérias.

No século XIX, o botânico alemão Mathias Schleiden (1804-1881) notou que todos os tecidos vegetais que estudava eram compostos de células. Da mesma maneira, o fisiologista alemão Theodor Schwann (1810-1882), estudando animais, observou que todos eles também eram formados por células. Assim, esses dois pesquisadores propuseram a **teoria celular**, de acordo com a qual todos os seres vivos são formados por células.

Alguns seres vivos são constituídos por uma única célula, como as bactérias, e por isso são chamados de **unicelulares**; outros são formados por muitas células, como os animais e as plantas, sendo chamados de **pluricelulares**.

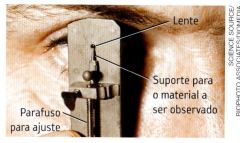

Réplica do microscópio de Leeuwenhoek. Apesar de simples, tinha o poder de aumentar as imagens em cerca de 200 vezes.

Tipos de células

O aperfeiçoamento dos microscópios vem permitindo o desenvolvimento do estudo das células. Atualmente são conhecidos diversos tipos celulares e sabe-se que as células variam em forma e tamanho entre as diferentes espécies e também dentro de um mesmo organismo.

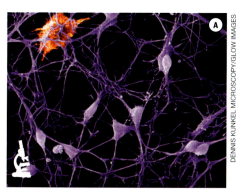

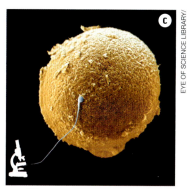

Diferentes tipos celulares vistos ao microscópio eletrônico de varredura e colorizados artificialmente. (**A**) Micrografia de neurônios (aumento ≃ 650 vezes). (**B**) Micrografia de algas diatomáceas (aumento ≃ 150 vezes). (**C**) Micrografia de óvulo (gameta feminino, estrutura alaranjada) sendo fecundado por espermatozoide (gameta masculino, em azul) (aumento ≃ 338 vezes).

Apesar da diversidade, todas as células têm membrana plasmática, citosol, material genético e ribossomos.

A **membrana plasmática** é uma película que delimita a célula e seleciona as substâncias que entram e saem dela.

O **citosol** é o material viscoso que preenche a célula e local onde ocorrem diversas reações químicas.

O **material genético** é formado por uma ou mais moléculas de DNA e contém as informações hereditárias dos seres vivos.

Os **ribossomos** são estruturas granulares responsáveis pela síntese de proteínas.

Considerando como o material genético está organizado na célula, ela pode ser classificada em procariótica ou eucariótica. As **células procarióticas** não possuem núcleo definido, ou seja, o material genético não está envolto por membranas. Nas **células eucarióticas**, o material genético está envolto por duas membranas, o **envelope nuclear** ou **carioteca**, que delimitam um núcleo organizado. As células eucarióticas têm, além dos ribossomos, organelas membranosas mergulhadas no citosol.

Os organismos formados por células procarióticas, como as bactérias, recebem o nome de **procariontes**. Os organismos formados por células eucarióticas, como os animais e as plantas, são chamados de **eucariontes**. Com exceção dos organismos pertencentes ao reino Monera, todos os demais seres vivos são eucariontes.

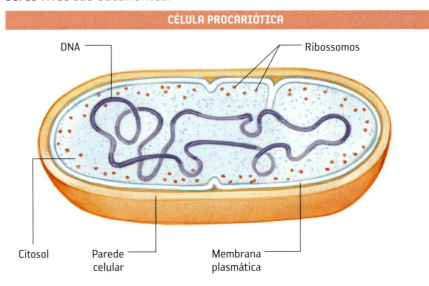

CÉLULA PROCARIÓTICA

Esquema de uma célula procariótica. As bactérias possuem parede celular externa à membrana plasmática, que dá suporte à célula. O material genético é composto de uma molécula de DNA circular. (Imagem sem escala; cores-fantasia.)

Fonte: RUPERT, E. E. et al. *Zoologia dos invertebrados*. 7. ed. São Paulo: Roca, 2005.

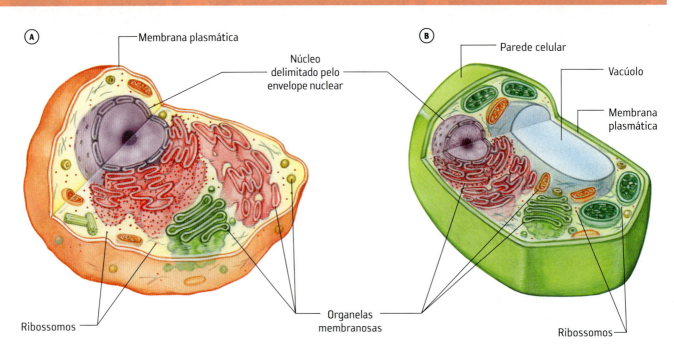

CÉLULAS EUCARIÓTICAS

Esquema de uma célula animal (**A**) e de uma célula vegetal (**B**). As células eucarióticas possuem núcleo delimitado pelo envelope nuclear e organelas membranosas mergulhadas no citosol. (Imagens sem escala; cores-fantasia.)

Fonte: SADAVA, D. et al. *Vida: a ciência da biologia*. 8. ed. Porto Alegre: Artmed, 2009. v. 1.

TEMA 7

Membrana plasmática

Todas as células são envoltas externamente pela membrana plasmática, que separa o espaço interno do ambiente.

Animação
Estrutura e função da membrana plasmática

Estrutura da membrana plasmática

Constituída, sobretudo, por fosfolipídios e proteínas, a membrana plasmática também contém alguns carboidratos (glicídios) e outros tipos de lipídios, como o colesterol. Os fosfolipídios organizam-se em duas camadas justapostas, compondo uma bicamada com as porções hidrofóbicas dos fosfolipídios voltados para o interior da membrana, e as porções hidrofílicas dessas moléculas em contato com os meios interno e externo da célula, que são aquosos. As proteínas estão inseridas na bicamada de fosfolipídios e algumas podem atravessá-la. Na porção externa da membrana pode haver glicídios aderidos aos fosfolipídios ou às proteínas, formando uma rede denominada glicocálix, que funciona como proteção contra agentes físicos e químicos.

A membrana plasmática não possui uma estrutura rígida; ao contrário, ela é fluida. É essa característica, associada à diversidade molecular que essa membrana possui que lhe confere um aspecto heterogêneo, como um mosaico. Por isso, o modelo de estrutura da membrana é denominado **modelo do mosaico fluido**.

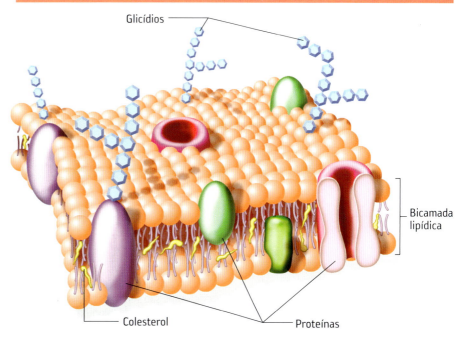

Esquema do modelo de mosaico fluido da membrana plasmática.
(Imagem sem escala; cores-fantasia.)

Fonte: JUNQUEIRA, L. C.; CARNEIRO, J. *Biologia celular e molecular*. 6. ed. Rio de Janeiro: Guanabara Koogan, 1997.

Transporte através da membrana plasmática

As células trocam substâncias com o meio externo. A membrana plasmática seleciona as substâncias que podem entrar ou sair das células, atuando como uma membrana semipermeável. A seletividade da membrana está relacionada à sua estrutura e permite manter a estabilidade do meio intracelular.

O transporte de pequenos compostos pode ocorrer por **transporte passivo** ou por **transporte ativo**. Já os compostos grandes podem entrar na célula por **endocitose**.

Transporte passivo

O transporte passivo ocorre sem gasto de energia para a célula. As substâncias atravessam a membrana plasmática e passam do meio mais concentrado para o meio menos concentrado, até que se atinja o equilíbrio das concentrações. Há três tipos de transporte passivo: difusão simples, osmose e difusão facilitada.

Difusão simples

Alguns compostos químicos, como o gás oxigênio e o dióxido de carbono, atravessam livremente a membrana plasmática, do meio mais concentrado (em que estão em maior quantidade) para o meio menos concentrado (em que estão em menor quantidade).

Osmose

É um tipo de difusão no qual a água atravessa uma membrana semipermeável, como a membrana plasmática. Na osmose, apenas a passagem da água é possível. Essa passagem acontece do meio menos concentrado (com mais água) para o mais concentrado (com menos água), de modo a diminuir a diferença entre as concentrações.

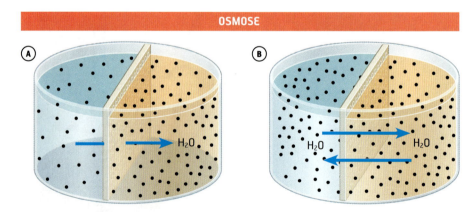

Esquema da osmose (difusão da água). (**A**) Quando duas soluções com concentrações diferentes são separadas por uma membrana semipermeável, a água passa da solução menos concentrada (hipotônica) para a solução mais concentrada (hipertônica). (**B**) Quando duas soluções com concentrações iguais (isotônicas) são separadas por uma membrana semipermeável, a mesma quantidade de água flui de um lado para o outro da membrana, e o fenômeno de osmose não ocorre, já que não há diferença de concentração das soluções. (Imagens sem escala; cores-fantasia.)

Fonte: SADAVA, D. et al. *Vida*: a ciência da biologia. 8. ed. Porto Alegre: Artmed, 2009.

Nos seres vivos, a osmose ocorre quando a concentração da solução no interior das células é diferente da concentração do meio externo. Dependendo da concentração da solução em que são colocadas, as células podem ganhar ou perder água por osmose: perdem água quando colocadas em uma solução hipertônica (mais concentrada) em relação ao seu interior, e ganham água quando colocadas em uma solução hipotônica (menos concentrada) em relação ao seu interior.

Entrando na rede

No endereço da internet **http://rived.mec.gov.br/atividades/biologia/osmose/osmose.swf**, você encontra uma animação e informações sobre osmose e soluções de diferentes concentrações. **Acesso em**: jun. 2014.

OSMOSE EM CÉLULAS ANIMAIS E VEGETAIS EM DIFERENTES SOLUÇÕES

(A) Solução hipertônica

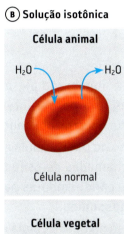

Célula animal — Célula murcha

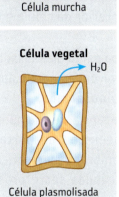

Célula vegetal — Célula plasmolisada

(B) Solução isotônica

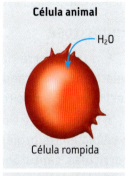

Célula animal — Célula normal

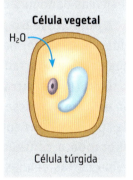

Célula vegetal — Célula flácida

(C) Solução hipotônica

Célula animal — Célula rompida

Célula vegetal — Célula túrgida

(**A**) Em solução hipertônica, a célula animal perde água, murchando. Já a célula vegetal também perde água, porém a parede celular impede que ela murche; então, a membrana plasmática se descola da parede celular, resultando em um aspecto no qual a célula fica plasmolisada.
(**B**) Em solução isotônica, o equilíbrio de entrada e saída de água é mantido e não há alteração na forma das células.
(**C**) Em solução hipotônica, a célula animal ganha água, aumentando a pressão sobre a membrana plasmática, que pode se romper. Já a célula vegetal também ganha água, mas, por causa da resistência da parede celular, ela não se rompe.

(Imagens sem escala; cores-fantasia.)

Fonte: CAMPBELL, N. A. et al. *Biology*. 8. ed. San Francisco: Benjamin Cummings, 2008.

Difusão facilitada

Algumas moléculas e praticamente todos os íons só conseguem atravessar a membrana plasmática com o auxílio das proteínas transportadoras, que podem funcionar, por exemplo, como canais abertos entre os meios intra e extracelular e facilitar a passagem desses compostos do meio mais concentrado para o meio menos concentrado.

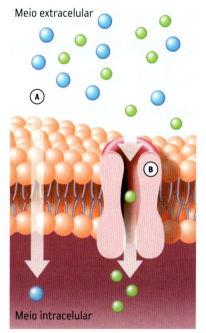

Esquema do transporte passivo: (**A**) difusão simples e (**B**) difusão facilitada.
(Imagem sem escala; cores-fantasia.)

Fonte: ALBERTS, B. et al. *Biologia molecular da célula*. 5. ed. Porto Alegre: Artmed, 2010.

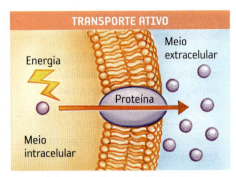

Esquema de transporte ativo. A proteína transportadora utiliza energia para transportar as moléculas ou íons contra o gradiente de concentração através da membrana plasmática. (Imagem sem escala; cores-fantasia.)

Fonte: CAMPBELL, N. A. et al. *Biology*. 8. ed. San Francisco: Benjamin Cummings, 2008.

Transporte ativo

É um tipo de transporte em que as moléculas ou íons são transportados contra o gradiente de concentração, ou seja, do meio menos concentrado para o meio mais concentrado, com gasto energético. De forma geral, esse transporte é realizado por proteínas, que agem bombeando as moléculas ou os íons para fora ou para dentro da célula, a fim de manter a diferença de concentração entre os dois meios. Um exemplo é a bomba de sódio-potássio, que garante que a concentração interna de íons potássio (K^+) seja cerca de 20 a 40 vezes maior que a concentração no meio extracelular e a concentração de íons sódio (Na^+) no interior das células seja de 8 a 12 vezes menor que o meio externo.

Endocitose

É o transporte no qual a membrana plasmática engloba partículas relativamente grandes e as leva para o interior da célula, dentro de vesículas. A endocitose pode ocorrer por fagocitose ou pinocitose.

A **fagocitose** é o processo no qual a célula engloba partículas sólidas. A célula emite projeções, chamadas de pseudópodes, que envolvem as partículas, capturando-as e conduzindo-as para o interior da célula em vesículas denominadas **fagossomos**.

A **pinocitose** é o processo no qual a célula engloba partículas dissolvidas. A célula forma canais na membrana, que envolvem as partículas que são transportadas em vesículas denominadas **pinossomos**.

O processo contrário, ou seja, a eliminação de substâncias, é chamado de **exocitose**. Nesse processo, as substâncias também são transportadas por vesículas cujas membranas se fundem à membrana plasmática liberando o conteúdo no meio externo. Algumas células secretoras, como certas células do pâncreas, secretram as substâncias no fluido extracelular por meio da exocitose.

Esquema da fagocitose (**A**) e da pinocitose (**B**). (Imagens sem escala; cores-fantasia.)

Fonte: CAMPBELL, N. A. et al. *Biology*. 8. ed. San Francisco: Benjamin Cummings, 2008.

TEMA 8
Citoplasma

O citoplasma das células é composto de citosol, citoesqueleto e organelas.

Componentes do citoplasma

O citoplasma das células eucarióticas é formado pelo **citosol**, pelo **citoesqueleto** e pelas **organelas**, também chamadas de **organoides**. Nas células procarióticas, o citoplasma não tem citoesqueleto e apresenta apenas ribossomos como organelas.

Citosol

O citosol, material gelatinoso no qual as organelas ficam mergulhadas, é composto de água, sais minerais, proteínas, carboidratos, bases nitrogenadas e aminoácidos. No citosol ocorrem diversas reações importantes para o funcionamento celular e, também, o transporte de substâncias.

Citoesqueleto

O citoesqueleto é uma rede de tubos e fibras proteicas que se estende por todo o citoplasma. As principais funções do citoesqueleto são:
- auxiliar a dar forma e sustentação à célula;
- ancorar organelas mantendo a organização interna da célula;
- auxiliar no deslocamento de organelas e de outras estruturas;
- participar de diversos movimentos celulares, como a contração das células musculares e o batimento de cílios e flagelos.

Organelas

No citoplasma das células eucarióticas existem diversas organelas, cada uma delas desempenhando funções específicas. Algumas estão citadas a seguir.

Ribossomos

São organelas granulares que podem ser encontradas livres no citosol, aderidos à membrana do retículo endoplasmático ou dentro de mitocôndrias e cloroplastos. São compostos de duas subunidades de tamanhos distintos. Sua função é a produção de proteínas.

Retículo endoplasmático

É uma rede de bolsas e tubos membranosos localizada próxima ao núcleo. É denominado **retículo endoplasmático granuloso** quando há ribossomos aderidos à membrana externa e **retículo endoplasmático não granuloso** quando não há ribossomos aderidos. As principais funções do retículo endoplasmático granuloso são o transporte e a modificação de proteínas produzidas pelos ribossomos aderidos à membrana externa. O retículo endoplasmático não granuloso sintetiza lipídios, como o colesterol, e também modifica as moléculas de substâncias tóxicas, como o álcool, por exemplo, inativando-as e facilitando sua eliminação.

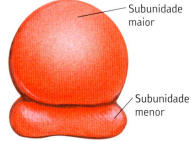

RIBOSSOMO

Esquema de um ribossomo, evidenciando as suas duas subunidades. (Imagem sem escala; cores-fantasia.)

Fonte: CAMPBELL, N. A. et al. *Biology*. 8. ed. San Francisco: Benjamin Cummings, 2008.

RETÍCULO ENDOPLASMÁTICO GRANULOSO E NÃO GRANULOSO

Diferentemente do retículo endoplasmático granuloso, no retículo endoplasmático não granuloso não há ribossomos aderidos. (Imagem sem escala; cores-fantasia.)

Fonte: RAVEN, P. et al. *Biology*. 9. ed. Nova York: McGraw-Hill, 2011.

Complexo golgiense

Consiste em pequenas bolsas membranosas achatadas, empilhadas umas sobre as outras. Essa organela possui diversas funções, como o empacotamento e o transporte de proteínas produzidas pelos ribossomos no retículo endoplasmático granuloso. Essas proteínas podem ser utilizadas dentro das células, como as enzimas digestivas presentes nos lisossomos, ou transportadas pelas vesículas para o exterior das células.

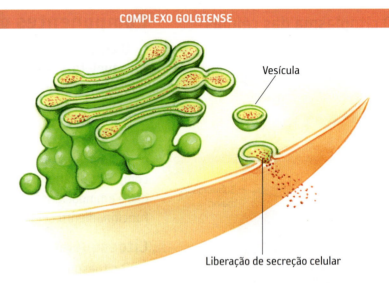

Esquema da estrutura de um complexo golgiense. As proteínas produzidas pelo retículo endoplasmático granuloso são encaminhadas ao complexo golgiense, que as processa, as empacota e as transporta, por meio de vesículas, para alvos intracelulares ou para o meio extracelular. (Imagem sem escala; cores-fantasia.)

Fonte: SADAVA, D. et al. *Vida*: a ciência da biologia. 8. ed. Porto Alegre: Artmed, 2009.

Lisossomos

São vesículas com enzimas digestivas, produzidas pelo complexo golgiense. Estão relacionados à digestão intracelular de diversas substâncias e estruturas, algumas provenientes do meio externo e outras originadas do metabolismo celular.

Saiba mais!

MAIS UMA FUNÇÃO DO COMPLEXO GOLGIENSE

Uma das funções do complexo golgiense é a formação do **acrossomo** nos espermatozoides de mamíferos. O acrossomo é uma vesícula cheia de enzimas digestivas, localizada na cabeça do espermatozoide, que auxilia no processo de penetração no óvulo por meio da digestão das membranas que envolvem o gameta feminino. Durante a formação dos espermatozoides, o complexo golgiense produz várias vesículas contendo enzimas digestivas, que se unem na cabeça do espermatozoide, formando o acrossomo.

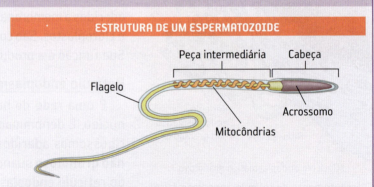

O gameta masculino é formado por cabeça (onde fica o acrossomo), peça intermediária (que contém muitas mitocôndrias) e flagelo (que garante mobilidade à célula). (Imagem sem escala; cores-fantasia.)

Fonte: CAMPBELL, N. A. et al. *Biology*. 8. ed. San Francisco: Benjamin Cummings, 2008.

Mitocôndrias

São organelas formadas por duas membranas, uma externa lisa e uma interna com pregas, constituindo as **cristas mitocondriais**. O interior da mitocôndria, chamado de **matriz mitocondrial**, é preenchido por um líquido que contém ribossomos e DNA próprio. As mitocôndrias são responsáveis pela respiração celular, processo no qual ocorre a produção da energia utilizada nas atividades celulares.

Cloroplastos

São exclusivos das células vegetais. Assim como as mitocôndrias, os cloroplastos são envoltos por duas membranas. Seu interior é preenchido por um líquido, o **estroma**, no qual estão mergulhados ribossomos, enzimas, DNA próprio e um sistema de membranas formado por diversos discos achatados, denominados **tilacoides**. Os tilacoides dispõem-se em pilhas chamadas de **grana**.

Os cloroplastos são responsáveis pelo processo de fotossíntese, no qual ocorre a produção de glicídio e gás oxigênio pelas reações químicas entre dióxido de carbono e água na presença de energia luminosa, captada pela clorofila, pigmento verde presente nos cloroplastos.

Vacúolos

São estruturas delimitadas por uma membrana existentes no interior do citoplasma e cujas funções variam em diferentes tipos celulares. Alguns protozoários de água doce, por exemplo, possuem vacúolos contráteis, que expulsam a água que entra em excesso na célula. Em células vegetais maduras, geralmente há um grande vacúolo central que ocupa grande parte da célula. Ele é o responsável pelo acúmulo de várias substâncias, como água, sais minerais, enzimas, pigmentos, gotículas de óleo, entre outras.

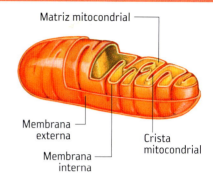

(Imagem sem escala; cores-fantasia.)

Fonte: CAMPBELL, N. A. et al. Biology. 8. ed. San Francisco: Benjamin Cummings, 2008.

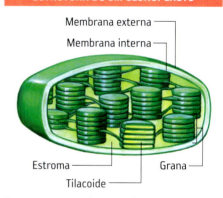

(Imagem sem escala; cores-fantasia.)

Fonte: SADAVA, D. et al. Vida: a ciência da biologia. 8. ed. Porto Alegre: Artmed, 2009.

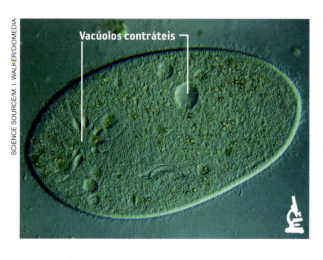

Micrografia de paramécio *Paramecium* sp., um protozoário de água doce que possui vacúolos contráteis. (Imagem obtida com microscópio óptico e com aumento de cerca de 850 vezes.)

Centríolos

São cilindros formados por microtúbulos. Nas células animais ocorrem aos pares; os fungos e as plantas com semente não possuem centríolos. Os centríolos participam da divisão celular e da formação de cílios e flagelos, como os existentes nos espermatozoides e em alguns protozoários.

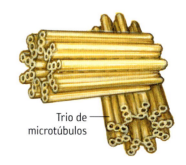

Esquema de um par de centríolos. Cada centríolo é formado por nove conjuntos com 3 microtúbulos. (Imagem sem escala; cores-fantasia.)

Fonte: RAVEN, P. et al. Biology. 9. ed. Nova York: McGraw-Hill, 2011.

TEMA 9
Núcleo

O núcleo é o centro de controle das atividades celulares.

Componentes do núcleo

O núcleo, estrutura exclusiva das células eucarióticas, é o centro de controle de todas as atividades da célula, pois é o local que abriga o material genético do organismo, o DNA. No núcleo também ocorre a duplicação do DNA e a síntese dos vários tipos de RNA. Ele é formado pelo envelope nuclear (carioteca), pela cromatina, pelo nucléolo e pelo nucleoplasma.

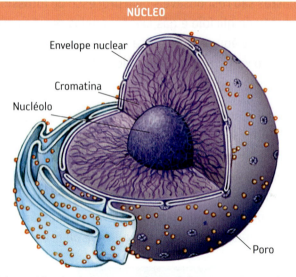

Esquema do núcleo, evidenciando seus componentes. (Imagem sem escala; cores-fantasia.)
Fonte: CAMPBELL, N. A. et al. *Biology*. 8. ed. San Francisco: Benjamin Cummings, 2008.

Envelope nuclear

É também chamado de carioteca e tem por finalidade separar o conteúdo citoplasmático do conteúdo nuclear. Ele é formado por uma membrana lipoproteica dupla e tem poros que selecionam os íons e as moléculas que entram e saem do núcleo.

Nucleoplasma

É o líquido que preenche o interior do núcleo. Ele é composto, basicamente, de água, íons, aminoácidos, nucleotídios, enzimas, RNA, entre outras substâncias.

Nucléolo

É constituído por um tipo de RNA, chamado RNA ribossômico (RNAr), associado a proteínas. Em um núcleo pode haver um ou mais nucléolos. É no nucléolo que ocorre a síntese de ribossomos, que posteriormente são exportados para o citosol.

Cromatina

É o conjunto de longos filamentos de DNA associados a proteínas, os **cromossomos**, presente no núcleo da célula que não se encontra em divisão celular. Sua principal função é conservar e transmitir as informações hereditárias codificadas no DNA.

Quando a célula não está se dividindo, os cromossomos se encontram descondensados, possibilitando a produção de RNA e, consequentemente, de proteínas.

Antes do início do processo da divisão celular, cada cromossomo se duplica, produzindo outro filamento cromossômico idêntico, e os dois permanecem unidos por uma região cromossômica, o **centrômero**. As cópias unidas de um cromossomo são chamadas de **cromátides-irmãs**.

COMPACTAÇÃO DO CROMOSSOMO

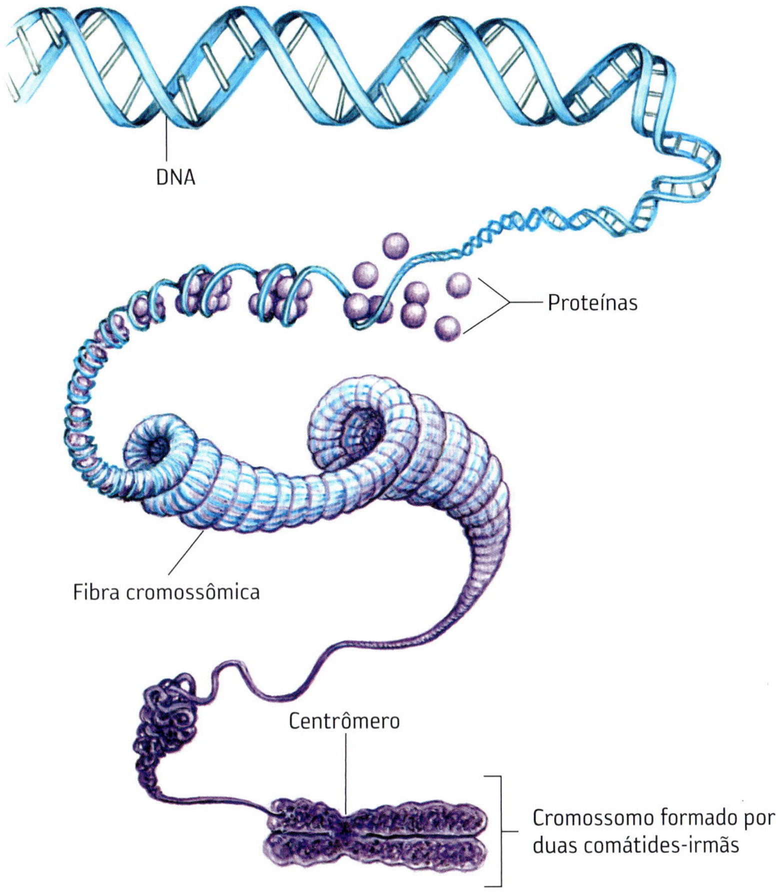

DNA

Proteínas

Fibra cromossômica

Centrômero

Cromossomo formado por duas comátides-irmãs

Esquema da compactação de um cromossomo. O DNA se associa a proteínas para que ocorra a compactação. Durante a condensação, os filamentos de DNA sofrem dobramentos e se enovelam, formando o cromossomo condensado, denominado cromossomo metafásico. (Imagem sem escala; cores-fantasia.)

Fonte: JUNQUEIRA, L. C.; CARNEIRO, J. *Histologia básica*. 9. ed. Rio de Janeiro: Guanabara Koogan, 1999.

Ao iniciar a divisão celular, as cromátides-irmãs se condensam independentemente, mas se mantêm unidas. Na divisão celular propriamente dita, as cromátides-irmãs de cada cromossomo se separam e são encaminhadas para as células-filhas. Assim, cada célula-filha recebe o material genético proveniente da célula original, mantendo o número de cromossomos da espécie.

O número de cromossomos no núcleo celular é característico de cada espécie. Desse modo, todas as células de uma determinada espécie possuem o mesmo número de cromossomos, exceto as células reprodutivas que contêm metade dele. As células humanas, por exemplo, têm 46 cromossomos, as do sapo têm 22 e as da cebola têm 16. De forma geral, em cada célula há pares de cromossomos morfologicamente idênticos, denominados **cromossomos homólogos**.

Cada cromossomo homólogo é herdado por um dos genitores. As células que possuem dois cromossomos de cada tipo são ditas **diploides** e representadas por **2n**. Já as células que possuem um cromossomo de cada tipo são ditas **haploides** e representadas por **n**. Na espécie humana, por exemplo, as células que formam o corpo são diploides e possuem 46 cromossomos ($2n = 46$), e os gametas (células reprodutivas) são haploides e possuem 23 cromossomos ($n = 23$); o encontro dos gametas na fecundação reestabelece o número diploide de cromossomos da espécie.

NÚMERO DE CROMOSSOMOS NOS GAMETAS E DEPOIS DA FECUNDAÇÃO

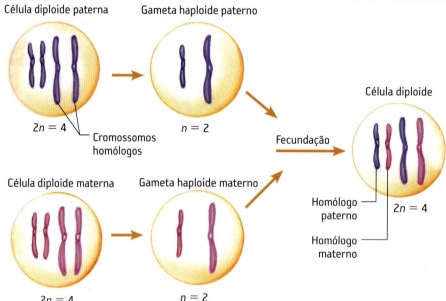

Esquema de células diploides de uma espécie com 4 cromossomos e a formação dos gametas haploides, com 2 cromossomos. A fecundação restabelece o número diploide de cromossomos da espécie. (Imagem sem escala; cores-fantasia.)

Fonte: ALBERTS, B. et al. *Biologia molecular da célula*. 5. ed. Porto Alegre: Artmed, 2008.

Saiba mais!

GENOMA E CARIÓTIPO

O conjunto de moléculas de DNA de uma espécie é denominado **genoma**. O conjunto de características morfológicas dos cromossomos, como número, forma e tamanho, é denominado **cariótipo**. O estudo do cariótipo de uma pessoa pode dar informações sobre o sexo do indivíduo e sobre alterações morfológicas ou numéricas nos cromossomos.

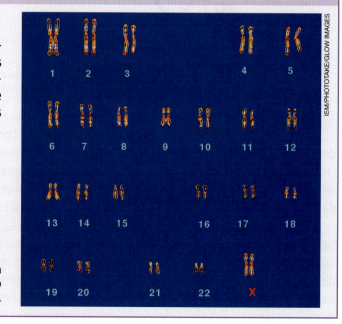

Cariótipo humano normal de uma mulher. Os pares numerados são os cromossomos homólogos.

TEMA 10
Metabolismo celular

Graças ao metabolismo, a célula obtém a energia necessária para suas atividades.

Obtenção de energia

O metabolismo celular é o conjunto de reações químicas que ocorrem na célula. Algumas reações químicas liberam energia, que será utilizada pela célula para desempenhar as suas atividades.

A energia é fornecida por moléculas de ATP (trifosfato de adenosina). Cada molécula de ATP é formada por uma adenosina e três radicais fosfatos. Quando essa molécula é quebrada, forma-se ADP (difosfato de adenosina) e há liberação de energia para a célula.

As moléculas de ATP não podem ser estocadas, ou seja, assim que são produzidas são consumidas pelas células. Desse modo, as células armazenam energia em moléculas de carboidratos e lipídios, principalmente. Quando as células precisam de ATP, elas metabolizam preferencialmente a glicose por meio dos processos de **fermentação** e de **respiração celular**. Os organismos autótrofos produzem a própria glicose por meio do processo de **fotossíntese**, enquanto os heterótrofos precisam obtê-la da alimentação.

Fermentação

A fermentação é um processo de obtenção de energia que utiliza a glicose na ausência de gás oxigênio e, por isso, é considerado um processo **anaeróbio**. Ocorre no citosol das células e é um processo obrigatório em alguns organismos, como certas bactérias.

Alguns fungos, como as leveduras, podem ou não realizar fermentação dependendo da presença do oxigênio, ou seja, caso esses microrganismos estejam em um meio pobre em gás oxigênio, eles fermentam o substrato, garantindo a energia para suas atividades, sendo chamados de **anaeróbios facultativos**.

As células musculares humanas também podem realizar o processo de fermentação quando submetidas à atividade intensa, em que a quantidade de gás oxigênio que chega até elas não é suficiente para a respiração celular.

Basicamente há dois tipos de fermentação: a fermentação alcoólica e a fermentação lática.

Na **fermentação alcoólica**, a quebra da glicose, conhecida como **glicólise**, resulta na formação de álcool etílico e dióxido de carbono, e, na **fermentação láctica**, essa etapa resulta na produção de lactato.

A fermentação alcoólica é um processo importante para algumas atividades humanas, como a produção de pães, pois a liberação de dióxido de carbono faz as massas crescerem. A produção de algumas bebidas alcoólicas e do etanol combustível também é feita por meio do processo de fermentação alcoólica. Já pela fermentação láctica é possível produzir queijos e iogurtes a partir do leite.

Persistência

Entender todas as reações do metabolismo celular é um processo complexo, já que há muitas etapas interligadas. Não se preocupe em decorá-las, e sim em entendê-las. Use diferentes estratégias, leia e releia, faça seus próprios esquemas e desenhos, escreva com suas palavras e, o mais importante, não desista.

Esquema simplificado da fermentação alcoólica. (**1**) Para iniciar a reação, ocorre consumo de 2 ATP. (**2**) A glicólise produz duas moléculas de piruvato e 4 ATP. (**3**) Em seguida, ocorre a liberação de dióxido de carbono, formando o álcool etílico. O rendimento energético é de 2 ATP por molécula de glicose degradada.

Fonte: CAMPBELL, N. A. et al. *Biology*. 8. ed. San Francisco: Benjamin Cummings, 2008.

ETAPAS DA FERMENTAÇÃO ALCOÓLICA

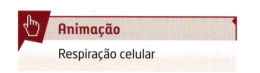

Respiração celular

A respiração celular é um processo no qual há quebra de moléculas orgânicas, principalmente a glicose, na presença de gás oxigênio (O_2), com liberação de energia para produção de ATP. Como a respiração celular só ocorre na presença do gás oxigênio, ela é considerada um processo **aeróbio**. Na respiração celular, as células utilizam glicose ($C_6H_{12}O_6$) e gás oxigênio e produzem dióxido de carbono (CO_2), água (H_2O) e energia. A equação a seguir representa, de forma simplificada, a respiração celular.

$$C_6H_{12}O_6 + 6\,O_2 \rightarrow 6\,CO_2 + 6\,H_2O + \text{Energia}$$

A respiração celular ocorre em três etapas: a **glicólise**, o **ciclo de Krebs** e a **cadeia respiratória**.

Animação
Respiração celular

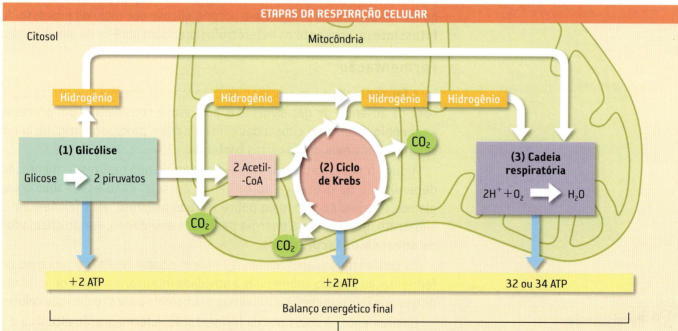

(1) Glicólise: processo semelhante à fermentação. Ocorre no citosol, no qual a molécula de glicose é degradada em duas moléculas de piruvato, produzindo 2 ATP. Nessa etapa, também ocorre a liberação de íons hidrogênio (H^+), que serão transportados para dentro da mitocôndria por moléculas específicas.

(3) Cadeia respiratória: ocorre nas cristas mitocondriais, nas quais os íons hidrogênio produzidos nas outras etapas combinam-se com o oxigênio e formam água. Essa reação promove grande liberação de energia, produzindo entre 32 e 34 moléculas de ATP.

Entre 36 e 38 ATP

(2) Ciclo de Krebs: ocorre na matriz mitocondrial. Cada molécula de piruvato entra na mitocôndria, onde perde uma molécula de dióxido de carbono (CO_2), formando a Acetil-Coenzima A (Acetil-CoA). A Acetil-CoA liga-se a uma molécula com quatro carbonos, formando o ácido cítrico (com seis carbonos). Durante o ciclo ocorre a degradação do ácido cítrico com a liberação de CO_2, de íons hidrogênio e de 2 ATP.

(Imagem sem escala; cores-fantasia.)

Fonte: CAMPBELL, N. A. et al. *Biology*. 8. ed. San Francisco: Benjamin Cummings, 2008.

Fotossíntese

A fotossíntese é o processo pelo qual a maioria dos seres autótrofos, como as plantas e as algas, transformam a energia luminosa do Sol em energia química, que fica armazenada em moléculas de glicose, principalmente. Durante a fotossíntese ocorre o consumo de dióxido de carbono e água, além da produção de glicose e de gás oxigênio. Parte da glicose produzida na fotossíntese é utilizada pelo ser autótrofo para a obtenção de energia por meio da respiração celular e parte é armazenada. A equação a seguir representa, de forma simplificada, o processo de fotossíntese.

$$6\ CO_2 + 12\ H_2O + luz \xrightarrow{clorofila} C_6H_{12}O_6 + 6\ O_2$$

A fotossíntese ocorre dentro dos cloroplastos nas células eucarióticas e pode ser dividida em duas etapas: a **etapa fotoquímica** e a **etapa química**.

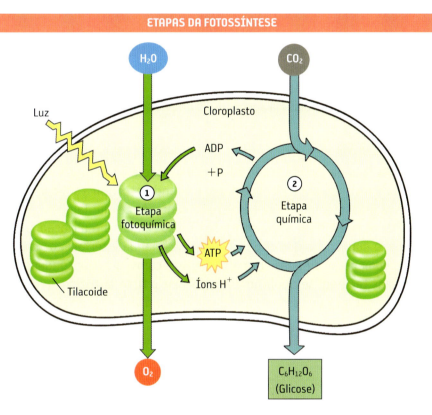

ETAPAS DA FOTOSSÍNTESE

(**1**) **Etapa fotoquímica:** ocorre nos tilacoides do cloroplasto, e as reações químicas dessa etapa dependem da energia luminosa. Há duas reações principais:
- **Fotólise da água:** a energia luminosa é captada pela clorofila, presente nos tilacoides. A energia é utilizada para a quebra da molécula de água, liberando íons hidrogênio, elétrons e gás oxigênio, que é liberado para o ambiente.
- **Fotofosforilação:** a passagem dos íons H^+ através de um complexo de proteínas, presente na membrana dos tilacoides, libera energia e ocorre a produção de ATP.

(**2**) **Etapa química:** ocorre no estroma do cloroplasto. O dióxido de carbono (CO_2) é absorvido do ambiente e penetra nas células por difusão. As moléculas de ATP e os íons hidrogênio (H^+) produzidos na etapa fotoquímica são utilizados em diversas reações de síntese, em que o CO_2 se combina com uma substância de cinco carbonos para formar a glicose. As reações de síntese gastam a energia dos ATP e ocorrem em um ciclo chamado de **ciclo de Calvin**.

(Imagem sem escala; cores-fantasia.)

Fonte: CAMPBELL, N. A. et al. *Biology*. 8. ed. San Francisco: Benjamin Cummings, 2008.

TEMA 11

Ciclo celular

O ciclo celular compreende toda a vida da célula.

Fases do ciclo celular

A capacidade de reprodução é uma das principais características que distinguem os seres vivos da matéria inanimada e depende, fundamentalmente, da divisão celular. Em organismos unicelulares, como bactérias e amebas, a divisão de uma célula pode ser considerada um processo de reprodução, pois leva ao aumento do número de indivíduos. Em organismos pluricelulares, a divisão celular está relacionada ao crescimento do corpo dos indivíduos, à regeneração e à produção de células reprodutivas (gametas ou esporos).

O ciclo celular compreende toda a vida da célula. Nele podemos distinguir o período em que a célula não está se dividindo, denominado **interfase**, e o período de divisão celular. Há dois tipos de divisão celular: a **mitose** e a **meiose**.

Interfase

Os eventos da interfase são comuns à mitose e à meiose. A interfase é o período mais longo do ciclo celular e é quando ocorrem a síntese de proteínas, a digestão, os reparos e o crescimento da célula. Também é nessa fase que ocorre um evento essencial à divisão celular: a replicação do DNA, ou seja, a duplicação dos cromossomos. Ao final da interfase, os cromossomos compostos de duas cromátides-irmãs começam a se condensar. Os centríolos também se duplicam e vão formar o **fuso mitótico**, que auxilia na movimentação dos cromossomos durante a divisão celular.

CÉLULA EM INTERFASE

Esquema de uma célula em interfase. Nesse período do ciclo celular, ocorrem inúmeros eventos, entre eles, a duplicação dos cromossomos e dos centríolos. (Imagem sem escala; cores-fantasia.)

Fonte: CAMPBELL, N. A. et al. *Biology*. 8. ed. San Francisco: Benjamin Cummings, 2008.

Mitose

A mitose é a divisão celular que garante o crescimento de um indivíduo, os processos de regeneração e também a reprodução assexuada de alguns organismos, como a das bactérias. Ao final da mitose há a produção de duas células-filhas, cada uma contendo exatamente o mesmo número de cromossomos da célula-mãe.

PRINCIPAIS EVENTOS DA MITOSE

① Prófase

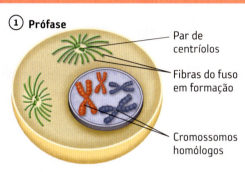

Os cromossomos duplicados continuam se condensando. Os dois pares de centríolos começam a se distanciar e a formar as fibras do fuso mitótico. O envelope nuclear começa a se degenerar.

② Metáfase

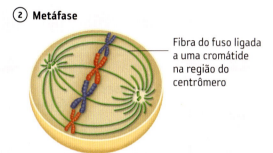

Os cromossomos atingem o grau máximo de condensação e se alinham na porção equatorial da célula. Cada cromátide-irmã se liga a uma fibra do fuso de polos opostos da célula pelo centrômero.

③ Anáfase

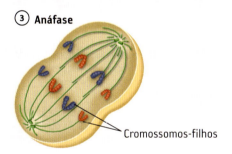

As fibras do fuso encurtam e tracionam as cromátides-irmãs, que se separam e migram para os polos opostos da célula, formando dois cromossomos-filhos.

④ Telófase

Os dois conjuntos de cromossomos-filhos chegam aos polos da célula. Formam-se novos envelopes nucleares e ocorre a **citocinese**, que é a divisão do citoplasma da célula, formando duas células-filhas geneticamente idênticas à célula-mãe.

(Imagens sem escala; cores-fantasia.)

Fonte: RAVEN, P. et al. *Biology*. 9. ed. Nova York: McGraw-Hill, 2011.

SAÚDE EM PAUTA

Câncer

Câncer é o nome dado a um conjunto de mais de 100 doenças que têm em comum o crescimento desordenado (**maligno**) de células que invadem os tecidos e órgãos, podendo espalhar-se (**metástase**) para outras regiões do corpo.

Dividindo-se rapidamente, estas células tendem a ser muito agressivas e incontroláveis, determinando a formação de tumores (acúmulo de células cancerosas) [...].

Disponível em: <http://www1.inca.gov.br/conteudo_view.asp?id=322>. Acesso em: jun. 2014.

Meiose

A meiose é o processo de divisão celular responsável pela produção das células reprodutivas (gametas nos animais e esporos em algumas plantas e fungos). O processo da meiose compreende duas fases, a **meiose I**, na qual ocorre a separação dos cromossomos homólogos, e a **meiose II**, na qual acontece a separação das cromátides-irmãs. Ao final da meiose há a formação de quatro células-filhas geneticamente distintas entre si, e cada uma com metade dos cromossomos da célula-mãe. No caso dos animais, é importante que os gametas tenham a metade do número de cromossomos característicos da espécie, pois, na fecundação, os núcleos dos gametas masculino e feminino se fundem, recompondo o número de cromossomos característico da espécie.

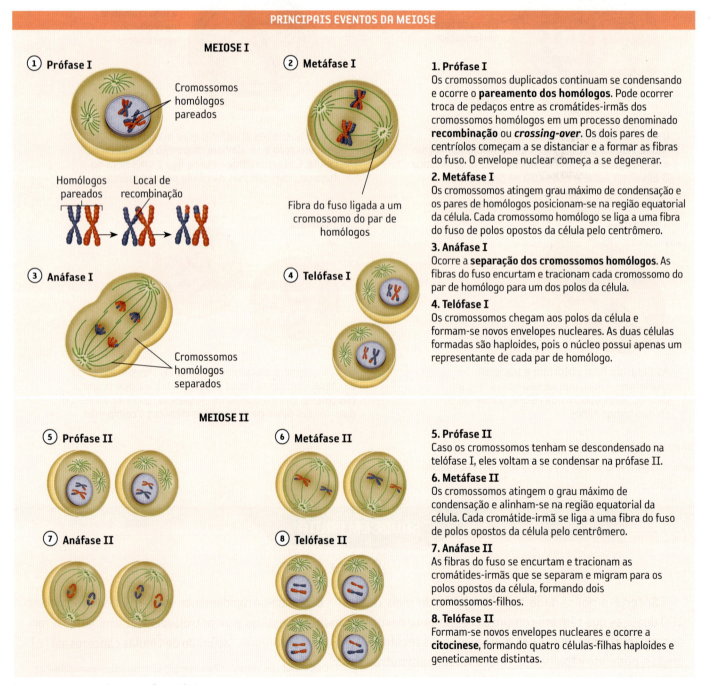

PRINCIPAIS EVENTOS DA MEIOSE

1. Prófase I
Os cromossomos duplicados continuam se condensando e ocorre o **pareamento dos homólogos**. Pode ocorrer troca de pedaços entre as cromátides-irmãs dos cromossomos homólogos em um processo denominado **recombinação** ou *crossing-over*. Os dois pares de centríolos começam a se distanciar e a formar as fibras do fuso. O envelope nuclear começa a se degenerar.

2. Metáfase I
Os cromossomos atingem grau máximo de condensação e os pares de homólogos posicionam-se na região equatorial da célula. Cada cromossomo homólogo se liga a uma fibra do fuso de polos opostos da célula pelo centrômero.

3. Anáfase I
Ocorre a **separação dos cromossomos homólogos**. As fibras do fuso encurtam e tracionam cada cromossomo do par de homólogo para um dos polos da célula.

4. Telófase I
Os cromossomos chegam aos polos da célula e formam-se novos envelopes nucleares. As duas células formadas são haploides, pois o núcleo possui apenas um representante de cada par de homólogo.

5. Prófase II
Caso os cromossomos tenham se descondensado na telófase I, eles voltam a se condensar na prófase II.

6. Metáfase II
Os cromossomos atingem o grau máximo de condensação e alinham-se na região equatorial da célula. Cada cromátide-irmã se liga a uma fibra do fuso de polos opostos da célula pelo centrômero.

7. Anáfase II
As fibras do fuso se encurtam e tracionam as cromátides-irmãs que se separam e migram para os polos opostos da célula, formando dois cromossomos-filhos.

8. Telófase II
Formam-se novos envelopes nucleares e ocorre a **citocinese**, formando quatro células-filhas haploides e geneticamente distintas.

(Imagens sem escala; cores-fantasia.)
Fonte: RAVEN, P. et al. *Biology*. 9. ed. Nova York: McGraw-Hill, 2011.

Meiose e alterações no número de cromossomos

Nos seres humanos, durante a anáfase I ou II do processo de meiose, pode ocorrer a não separação de todos os cromossomos homólogos ou das cromátides-irmãs, respectivamente. Nesses casos, os gametas formados terão números anormais de cromossomos. Caso um desses gametas seja fecundado, haverá a formação de um embrião cujas células terão número de cromossomos diferente de 46. Uma das alterações numéricas mais comuns é a que ocorre na Síndrome de Down, na qual os indivíduos possuem 47 cromossomos, pois têm três cromossomos 21 em vez de dois. As pessoas com Síndrome de Down possuem algumas características físicas típicas, como olhos amendoados, mãos curtas e face redonda. Elas também podem apresentar dificuldades na aprendizagem. No entanto, com os estímulos adequados e os cuidados necessários, essas pessoas podem se desenvolver, estudar e trabalhar normalmente.

> **Entrando na rede**
>
> No endereço da internet http://www.johnkyrk.com/meiosis.pt.html, você encontra animações sobre a mitose e a meiose em células animais.
> **Acesso em**: jun. 2014.

Saiba mais!

O PORTADOR DE SÍNDROME DE DOWN E A INCLUSÃO NO MERCADO DE TRABALHO

A entrada no mercado de trabalho é um passo importante para que os jovens possam fazer a transição entre o mundo da infância e o mundo adulto. O excesso de preocupação por parte de familiares e amigos muitas vezes torna essa passagem difícil para as pessoas com Síndrome de Down, principalmente pela forma com que elas são tratadas e pelas baixas expectativas em relação à sua função na sociedade.

As pessoas que não estão empregadas tendem a ter mais depressão e menos autoestima. Isso acontece porque o ambiente de trabalho ajuda os indivíduos a ganhar responsabilidades e desenvolver relacionamentos com grupos diversos. Além disso, favorece o desenvolvimento de habilidades cognitivas, mecânicas e de adaptação a diferentes situações, inclusive na vida pessoal.

Reconhecer-se como parte do mundo do trabalho fortalece o sentido de cidadania de jovens e adultos. No caso de pessoas com Síndrome de Down, muitas vezes as próprias famílias se surpreendem com mudanças de atitude, uma vez que elas se sentem mais independentes e capazes de realizar seus desejos.

O artigo 27 da convenção da ONU [Organização das Nações Unidas] sobre os direitos das pessoas com deficiência estabelece que todos têm direito a oportunidades iguais de trabalho. Muitos países, assim como o Brasil, contam com uma legislação trabalhista que favorece a inclusão de pessoas com deficiência no mercado de trabalho, seja através de cotas ou de subsídios para as empresas contratantes.

É importante ressaltar que o trabalho não envolve apenas a pessoa e a empresa. Família, escola e sociedade precisam caminhar juntas na defesa da inclusão efetiva para que a entrada no mercado de trabalho de pessoas com Síndrome de Down possa se tornar uma realidade para todos.

Disponível em: <http://www.movimentodown.org.br/trabalho/inclusao-no-mercado-de-trabalho>. **Acesso em**: jul. 2014.

O portador da Síndrome de Down é uma pessoa com potencialidades e particularidades como qualquer outra pessoa. Ter um emprego, receber um salário e ser reconhecido pelo seu trabalho faz parte do plano de vida de muitos jovens e tem relação direta com a autoestima e o reconhecimento da pessoa como cidadão. Na imagem, jovem com Síndrome de Down trabalhando como padeiro.

ATIVIDADES

TEMAS 6 À 11

ORGANIZAR O CONHECIMENTO

1. Elabore uma linha do tempo com os principais eventos citados no Tema 6, desde a invenção do primeiro microscópio até a proposição da teoria celular.

2. O que afirma a teoria celular?

3. Indique quais das estruturas listadas a seguir estão presentes tanto nas células procarióticas quanto nas células eucarióticas.
   - Membrana plasmática
   - Mitocôndria
   - Vacúolo
   - Ribossomos
   - Material genético
   - Envelope nuclear
   - Citosol
   - Parede celular

4. Cite os principais componentes da membrana plasmática e explique qual é a importância dessa estrutura para os seres vivos.

5. Associe corretamente cada um dos processos listados abaixo à sua respectiva descrição.
   - **I.** Difusão simples
   - **II.** Difusão facilitada
   - **III.** Osmose
   - **IV.** Transporte ativo
   - **V.** Endocitose

   a) Substâncias atravessam livremente a membrana plasmática, do meio mais concentrado para o meio menos concentrado.

   b) Moléculas ou íons são transportados contra o gradiente de concentração, com gasto de energia.

   c) A membrana plasmática engloba moléculas ou partículas e as leva para o interior da célula, dentro de vesículas.

   d) A água atravessa a membrana plasmática semipermeável.

   e) Alguns íons só conseguem atravessar a membrana plasmática com o auxílio de proteínas transportadoras, sem gasto de energia.

6. Complete a tabela com as informações que faltam.

Organela	Principal função
Ribossomos	▓▓▓▓▓▓▓▓▓▓▓▓▓▓
▓▓▓▓▓▓▓▓▓▓▓▓▓▓	Transporte e modificação de proteínas.
Retículo endoplasmático não granuloso	▓▓▓▓▓▓▓▓▓▓▓▓▓▓
▓▓▓▓▓▓▓▓▓▓▓▓▓▓	Empacotamento e transporte de proteínas.
Lisossomos	▓▓▓▓▓▓▓▓▓▓▓▓▓▓
▓▓▓▓▓▓▓▓▓▓▓▓▓▓	Respiração celular.
Cloroplastos	▓▓▓▓▓▓▓▓▓▓▓▓▓▓
▓▓▓▓▓▓▓▓▓▓▓▓▓▓	Acúmulo de substâncias, como água e sais minerais.
Centríolos	▓▓▓▓▓▓▓▓▓▓▓▓▓▓

7. Defina os termos a seguir.
   - **a)** Cromatina
   - **b)** Cromossomos homólogos
   - **c)** Célula diploide
   - **d)** Cariótipo

8. Complete as frases a seguir, substituindo os números pelos termos adequados.
   a) Na interfase ocorre a (**1**) do DNA e o (**2**) começa a se degenerar.
   b) Ao final da mitose há (**3**) células-filhas, cada uma com o mesmo número de (**4**) da célula-mãe.
   c) Na metáfase, os cromossomos ocupam a posição (**5**) da célula e as (**6**) se ligam ao centrômero.
   d) Na meiose ocorre a produção de (**7**) células-filhas, com (**8**) dos cromossomos da célula-mãe.
   e) Na prófase I pode ocorrer (**9**), que é a troca de pedaços entre cromossomos (**10**).
   f) Na anáfase I da meiose ocorre a separação dos (**11**), já na anáfase II ocorre a separação das (**12**).

ANALISAR

9. Julgue as sentenças a seguir em verdadeiras (**V**) ou falsas (**F**). Depois, reescreva as sentenças falsas, corrigindo-as.
   a) A fermentação é um processo que promove o gasto de energia pela célula e tem como produto a glicose.
   b) Há basicamente dois tipos de fermentação: a láctica e a alcoólica.
   c) Na respiração celular ocorre o consumo de dióxido de carbono e água, além da produção de glicose e de gás oxigênio.
   d) A respiração celular promove a produção de ATP e consome glicose e gás oxigênio.
   e) A fotossíntese é o processo pelo qual os seres autótrofos transformam a energia luminosa em energia química, que é armazenada, principalmente, em moléculas de glicose.

10. Explique o que ocorre se colocarmos uma célula humana em água destilada (sem nenhuma substância dissolvida). O mesmo ocorreria em uma célula vegetal? Por quê?

11. A fotossíntese é um processo que depende da energia luminosa para ocorrer. Considere o gráfico a seguir e faça o que se pede.

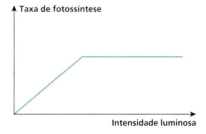

Qual é a relação que existe entre a intensidade luminosa e a taxa fotossintética?

12. Considerando uma célula com $2n = 4$, faça o que se pede.
    a) Quantos cromossomos terão as células-filhas produzidas por mitose?
    b) Quantos cromossomos terão as células-filhas produzidas por meiose?
    c) Quantas células geneticamente diferentes serão produzidas ao final da meiose:
    - se, durante a prófase I, ocorrer *crossing-over*?
    - se, durante a prófase I, não ocorrer *crossing-over*?

QUESTÕES DO ENEM E DE VESTIBULARES

1. **(UFJF-MG)** A distribuição adequada de íons nos espaços intra e extracelular é fundamental para o funcionamento das células. Por exemplo, a transmissão de impulsos nervosos, a contração muscular e a secreção de hormônios são totalmente dependentes dessa distribuição e dos fluxos iônicos. Dois importantes íons envolvidos nos processos celulares são o sódio e o potássio, que têm concentrações diferentes nos meios intra e extracelular. Sobre essas diferenças, é CORRETO afirmar que

   a) a concentração de sódio é maior fora da célula, e um importante componente na determinação dessa diferença é a bomba de sódio-potássio que o transporta com gasto de ATP.

   b) a concentração de sódio e potássio é maior fora da célula, e um importante componente na determinação dessa diferença é a bomba de sódio-potássio que os transporta com gasto de ATP.

   c) a concentração de sódio é maior dentro da célula, e um importante componente na determinação dessa diferença é a bomba de sódio-potássio que o transporta sem gasto de ATP.

   d) a concentração de potássio é maior fora da célula, e um importante componente na determinação dessa diferença é a bomba de sódio-potássio que o transporta com gasto de ATP.

   e) a concentração de sódio é maior fora da célula, e um importante componente na determinação dessa diferença é a bomba de sódio-potássio que o transporta sem gasto de ATP.

2. **(UEL-PR)** Em 1953, James Watson e Francis Crick elucidaram a estrutura tridimensional da dupla hélice de DNA e postularam que o pareamento específico de bases nitrogenadas sugere um possível mecanismo de cópia para o material genético.

   Baseado nesse postulado, o processo de duplicação do DNA é considerado semiconservativo, porque

   a) a dupla-hélice original permanece intacta e uma nova dupla-hélice é formada.

   b) os dois filamentos da dupla-hélice original se separam e cada um serve como molde para uma nova fita.

   c) ambos os filamentos da dupla hélice original se fragmentam e servem como moldes para novos fragmentos.

   d) um dos filamentos da dupla hélice original serve de cópia para as duas fitas de DNA.

   e) os filamentos da dupla hélice original permutam suas fitas para servirem de cópias de DNA.

3. **(UFV-MG)** Alguns processos industriais resultam da atividade fermentativa de microrganismos. Com relação a esse processo biológico, é INCORRETO afirmar que

   a) na produção de iogurte, coalhadas e queijo, a lactose é fermentada por microrganismos, originando o ácido lático.

   b) na produção de vinhos, as leveduras presentes nas cascas das frutas convertem a glicose e a frutose em etanol.

   c) na produção do álcool etílico, utilizado como combustível, os açúcares da cana-de-açúcar são fermentados aerobiamente.

   d) na produção de pães, a fermentação do amido presente no trigo produz etanol e libera CO_2, o que faz a massa crescer.

4. **(UFT-TO)** Em quase todos os seres vivos, as enzimas que participam da glicólise são muito semelhantes, o que nos dá uma evidência importante da origem comum dos organismos vivos. O esquema abaixo representa a degradação da glicose, que culmina com a formação de duas moléculas de ácido pirúvico, que podem seguir três vias metabólicas distintas.

   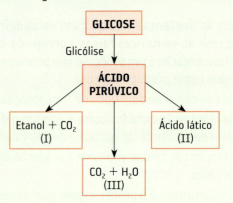

   As vias metabólicas representadas por **I** e **II** são formas de fermentação, e a **III** é a respiração aeróbica. Os processos **I**, **II** e **III** são realizados por

   a) fungos e bactérias / bactérias, fungos e células musculares / animais, plantas e microrganismos.

   b) fungos / bactérias / somente células musculares.

   c) fungos e bactérias / células musculares / somente animais.

   d) células musculares / fungos / plantas e animais.

5. **(Fuvest-SP)**
   Luz do sol
   Que a folha traga e traduz
   Em verde novo
   Em folha, em graça, em vida, em força, em luz
   Caetano Veloso

   Os versos de Caetano Veloso descrevem, poeticamente, um processo biológico. Escolha, entre as equações abaixo (**1, 2** ou **3**), a que representa esse processo, em linguagem química. Justifique sua resposta, relacionando o que dizem os versos com o que está indicado na equação escolhida.

   (1) $6\ CO_2 + 6\ H_2O + \text{Energia} \rightarrow C_6H_{12}O_6 + 6\ O_2$

   (2) $C_6H_{12}O_6 + 6\ O_2 \rightarrow 6\ CO_2 + 6\ H_2O + \text{Energia}$

   (3) $ADP + P_i + \text{Energia} \rightarrow ATP + H_2O$

52

6. (Ufal) Observe as estruturas numeradas de 1 a 5 da célula mostrada abaixo e, em seguida, assinale a alternativa que correlaciona corretamente a estrutura com sua respectiva função.

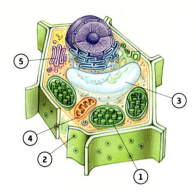

a) 1- mitocôndria, responsável pela síntese energética.
b) 2- membrana plasmática, que funciona como barreira seletiva.
c) 3- o núcleo, que guarda a informação genética.
d) 4- o cloroplasto, responsável pela fotossíntese.
e) 5- o complexo golgiense, que atua na secreção celular.

7. (Fuvest-SP) Considere os eventos abaixo, que podem ocorrer na mitose ou na meiose:

I. Emparelhamento dos cromossomos homólogos duplicados.
II. Alinhamento dos cromossomos no plano equatorial da célula.
III. Permutação de segmentos entre cromossomos homólogos.
IV. Divisão dos centrômeros resultando na separação das cromátides-irmãs.

No processo de multiplicação celular para a reparação de tecidos, os eventos relacionados à distribuição equitativa do material genético entre as células resultantes estão indicados em

a) I e III apenas.
b) II e IV apenas.
c) II e III apenas.
d) I e IV apenas.
e) I, II, III e IV.

Quadro-resumo

1. Nos seres vivos, os elementos químicos se arranjam, formando os compostos químicos, que podem ser orgânicos, como os carboidratos, as proteínas, os lipídios e os ácidos nucleicos, ou inorgânicos, como a água, o gás carbônico, o gás oxigênio e os sais minerais.

2. A nutrição é o processo pelo qual o organismo aproveita os nutrientes dos alimentos, obtendo a matéria-prima e a energia necessárias para desempenhar suas funções. Para orientar a nutrição, foram elaboradas as pirâmides alimentares, que são representações gráficas aprovadas pela Organização Mundial da Saúde (OMS).

3. De acordo com a teoria celular, todos os seres vivos são compostos de células. Alguns seres são formados por uma única célula (unicelulares) e outros, por duas ou mais células (pluricelulares). As células podem ser procarióticas (sem núcleo organizado), como as bactérias, ou eucarióticas (com núcleo organizado). Os elementos básicos de todas as células são membrana plasmática, citosol, material genético e ribossomos.

4. A célula pode obter energia por meio da fermentação ou da respiração celular. A fermentação é o processo anaeróbio de obtenção de energia, em que a glicose é utilizada na ausência de gás oxigênio. Na fermentação alcoólica, a quebra da glicose resulta na formação de 2 ATP, álcool etílico e dióxido de carbono. Já na fermentação láctica, a quebra da glicose resulta na produção de 2 ATP e lactato. A respiração celular é o processo aeróbio de obtenção de energia que ocorre em três etapas: a glicólise, o ciclo de Krebs e a cadeia respiratória. Nesse processo, as células utilizam glicose e gás oxigênio e produzem dióxido de carbono, água e energia (36 a 38 ATP).

5. A fotossíntese é processo pelo qual a maioria dos organismos autótrofos transformam a energia luminosa em energia química que fica armazenada em moléculas de glicose. Durante o processo ocorre o consumo de dióxido de carbono e de água e a produção de glicose e de gás oxigênio, que é liberado para o ambiente.

6. As células se reproduzem e, para isso, dependem da divisão celular. Há dois tipos de divisão celular: a mitose (relacionada com o crescimento do corpo e regeneração de partes danificadas) e a meiose (relacionada com a produção de células reprodutivas). Os eventos da interfase são comuns à mitose e à meiose. Ao final da mitose, há a produção de duas células-filhas idênticas geneticamente à célula-mãe. Ao final da meiose, há a produção de quatro células-filhas, geneticamente distintas da célula-mãe.

LER, COMPREENDER E ESCREVER

Leia os dois textos a seguir e, depois, responda às questões.

TEXTO 1

A química do vício

Segundo a Organização Mundial de Saúde (OMS), droga é toda "substância que, quando administrada ou consumida por um ser vivo, modifica uma ou mais de suas funções, com exceção daquelas substâncias necessárias para a manutenção da saúde normal".

Para entender o mecanismo do vício, é preciso compreender os caminhos percorridos pela dopamina no cérebro. A dopamina é o neurotransmissor da dependência. É ela que dispara a sensação de prazer – seja a advinda da ingestão de um prato saboroso, seja a causada pelo uso de um entorpecente. Ao inalar cocaína, por exemplo, o usuário tem seu cérebro inundado de dopamina – daí a sensação de euforia que, em geral, a droga produz. Até pouco tempo atrás, acreditava-se que o vício era processado exclusivamente nas porções cerebrais associadas ao sistema de prazer e recompensa, ativado em especial pela dopamina. Recentemente, descobriu-se que há outros circuitos envolvidos nesse mecanismo e que a dopamina também os integra. "Graças ao aperfeiçoamento dos exames de neuroimagem, constatamos que os efeitos neurobiológicos das drogas ultrapassam os centros de prazer e recompensa do cérebro e se estendem ao córtex pré-frontal, região associada à analise dos riscos e benefícios, na qual se concentram as tomadas de decisão", afirma a psiquiatra Nora Volkow, diretora do Instituto Nacional de Abuso de Drogas, dos Estados Unidos, e uma das principais autoridades mundiais no assunto. [...]

Há dois grupos de pessoas bastante vulneráveis ao vício – os adolescentes e os portadores de distúrbios psiquiátricos, como esquizofrenia, depressão e ansiedade. Durante a adolescência, o cérebro sofre mudanças dramáticas. Uma das áreas ainda em maturação é o córtex pré-frontal, associado à tomada de decisões e responsável pelo controle dos desejos e emoções. O uso de substâncias químicas nesse momento de desenvolvimento tende a ter um impacto mais profundo e duradouro no funcionamento cerebral. A maior parte dos dependentes químicos se iniciou no vício – qualquer um deles – na juventude. Entre os usuários de drogas, isso ocorre, em geral, antes dos 21 anos. Quanto aos alcoólatras, antes dos 15.

Disponível em: <http://veja.abril.com.br/idade/exclusivo/drogas/contexto1.html>. **Acesso em**: jun. 2014.

TEXTO 2

Perguntas e respostas sobre prevenção do uso de drogas

Se não é possível acabar com a oferta de drogas, o que pode ser feito?

O importante é realizar um trabalho de prevenção, ou seja, diminuir a motivação que alguém possa vir a ter de usar drogas. Ainda, um trabalho de conscientização, revelando os danos sociais, físicos e psicológicos causados pelo uso de drogas.

Como podemos ajudar um jovem a ter uma atitude adequada com relação às drogas?

O que os pais podem fazer é tornarem-se exemplo para os filhos. A maneira como os pais lidam com a questão tem muito mais efeito sobre o jovem do que as informações que são dadas.

Ou seja, o que se faz é muito mais importante do que o que se diz. As crianças e os jovens começam a aprender o que é droga quando observam os adultos em busca de tranquilizantes ao menor sinal de tensão ou nervosismo. Aprendem também o que é droga quando ouvem seus pais dizerem que precisam de três xícaras de café para se sentirem acordados, ou ainda quando sentem o cheiro da fumaça de cigarros. Além disso, eles aprendem o que é dependência quando observam como seus pais têm dificuldade em controlar diversos tipos de comportamento, como, por exemplo, comer de modo exagerado, fazer compras sem necessidade, trabalhar excessivamente.

Os adultos têm sempre "boas" formas de justificar esses comportamentos, mas na verdade trata-se de um modelo de comportamento impulsivo e descontrolado. E esses modelos de comportamento podem ser copiados pelos jovens na forma como se relacionam com as drogas.

Somos uma sociedade de consumidores de produtos e a maioria de nós estabelece relações complicadas com as drogas. Não é difícil encontrar pessoas que, ao menor sinal de sofrimento, de desconforto, lançam mão de um "remedinho", de uma "cervejinha", de um "cafezinho" ou de um "cigarrinho" para aplacar a ansiedade de forma quase instantânea. Esse é o princípio básico de modelo de comportamento dependente que observamos em um imenso

Reprodução proibida. Art. 184 do Código Penal e Lei 9.610 de 19 de fevereiro de 1998.

número de adultos e pais que, sem a menor consciência do que estão fazendo, "ensinam" aos filhos, alunos e jovens em geral que os problemas podem ser resolvidos como que por um passe de mágica com a ajuda de uma substância.

É muito importante que os jovens compreendam, por meio de nossas atitudes, qual é a atitude adequada em relação às drogas. Esse processo de aprendizagem começa na infância e continua até o final da adolescência. [...]

Como as escolas podem colaborar na prevenção do uso indevido de drogas?

Diversas escolas têm adotado programas educativos com esse objetivo. Eles podem ser de grande ajuda aos jovens, sobretudo a partir do início da adolescência, desde que conduzidos de forma adequada. [...] Informações mal colocadas podem aguçar a curiosidade dos jovens, levando-os a experimentar drogas. Discursos antidrogas e mensagens amedrontadoras ou repressivas, além de não serem eficazes, podem até mesmo estimular o uso.

Nos programas de prevenção mais adequados, o uso de drogas deve ser discutido dentro de um contexto mais amplo de saúde. As drogas, a alimentação, os sentimentos, as emoções, os desejos, os ideais, ou seja, a qualidade de vida entendida como bem-estar físico, psíquico e social, são aspectos a serem abordados no sentido de levar o jovem a refletir sobre como viver de maneira saudável.

Os jovens devem aprender a conhecer suas emoções e a lidar com suas dificuldades e problemas. Um modelo de prevenção deve contribuir para que os indivíduos se responsabilizem por si mesmos, a fim de que comportamentos de risco da sociedade como um todo possam ser modificados. [...]

Disponível em: <http://www.unifesp.br/dpsicobio/cebrid/quest_drogas/prevencao.htm>. Acesso em: jul. 2014.

Exemplos negativos, como fumar ou beber na frente dos jovens, podem influenciar as decisões deles em relação ao uso de drogas, sejam elas lícitas ou ilícitas.

Atividades

Obter informações

1. O que é considerado "droga" segundo a Organização Mundial da Saúde?
2. Segundo o **Texto 1**, o que é dopamina?
3. Em quais locais do cérebro o vício é processado?
4. De acordo com o **Texto 2**, como o exemplo dos adultos pode influenciar os jovens a experimentar drogas?

Interpretar

5. Relacione o local em que as drogas atuam no cérebro com o estabelecimento do vício.
6. Explique a causa apontada pelo **Texto 1** para o fato de a maior parte dos dependentes químicos ter se iniciado no vício na juventude.
7. Qual é o público-alvo do **Texto 2**? Como você concluiu?
8. Quando as drogas são ingeridas, elas passam por transformações químicas antes de serem eliminadas do corpo. As células do fígado são os principais locais em que ocorrem as reações de modificação e inativação das drogas. Que tipo de organela deve estar presente em maior quantidade nas células do fígado para que ele exerça essa função? Justifique sua resposta.

Pesquisar

9. Apesar de possibilitar alguma sensação de prazer, o uso das drogas traz consequências biológicas e sociais devastadoras para os usuários. Em grupos, escolham uma droga e pesquisem seus efeitos no corpo humano. Por meio de panfletos, cartazes ou pelo *blog* da escola, compartilhem esse conhecimento com o restante da comunidade escolar.

UNIDADE 2

GENÉTICA E EVOLUÇÃO

POR QUE ESTUDAR ESTA UNIDADE?

Nesta Unidade serão apresentadas as leis de Mendel e a transmissão das características hereditárias. Serão descritas também as teorias sobre a evolução dos seres vivos, assim como o conceito de seleção natural. Conhecer sobre a hereditariedade nos permite compreender qual a origem de muitas de nossas características e como elas são transmitidas aos nossos descendentes. Da mesma maneira, conhecer a teoria da evolução nos ajuda a compreender a nossa relação com as demais espécies de seres vivos.

A planta conhecida como maravilha (*Mirabilis jalapa*) é admirada por suas flores, que podem ser de diferentes cores. Essa planta foi usada nos experimentos do geneticista alemão Carl Correns, em 1908, para demonstrar um tipo de herança diferente da estudada por Mendel.

TEMA 1

Introdução à Genética

A Genética estuda os padrões de hereditariedade.

O surgimento da Genética

A Genética é o ramo da Biologia que estuda a hereditariedade, ou seja, os padrões pelos quais as características de uma espécie são transmitidas de uma geração a outra. O termo "genética" só começou a ser utilizado no século XX. Muito antes de ela existir como um ramo da ciência, há cerca de 10 mil anos, e mesmo sem conhecer os fundamentos da hereditariedade, as pessoas já selecionavam as plantas para o cultivo e os animais para aumentar os rebanhos, escolhendo para o cruzamento os indivíduos com as características desejáveis.

A transmissão de características dos progenitores para seus descendentes intriga o ser humano há séculos. Na Grécia antiga, o filósofo Hipócrates (460-377 a.C.), propôs que cada órgão do corpo do pai produzia partículas que se reuniam no sêmen e eram transmitidas à descendência durante a reprodução. Essa hipótese foi chamada de pangênese. Hipócrates sugeriu também que as características adquiridas ao longo da vida de uma pessoa modificavam aquelas partículas e podiam ser transmitidas aos seus descendentes. O filósofo grego Aristóteles (384-322 a.C) não concordava com as ideias de Hipócrates, pois suas observações indicavam, entre outras coisas, que muitas características adquiridas pelos pais durante a vida não eram transmitidas aos filhos. Para Aristóteles, as bases da hereditariedade estavam contidas no esperma e no sangue menstrual e a interação entre esses materiais era responsável pelo desenvolvimento de um novo indivíduo.

Reprodução e hereditariedade

A compreensão do fenômeno da hereditariedade relaciona-se ao entendimento do processo de reprodução e de como são formados novos indivíduos. No século XVII, as pessoas acreditavam que o novo indivíduo, contendo todas as estruturas, já estaria pré-formado dentro de um dos pais e que só precisaria se desenvolver. Os defensores dessa teoria, chamada de **pré-formismo**, dividiam-se entre os que consideravam que a forma inicial estava contida na mãe e aqueles que supunham que ela estava contida no pai. Na mesma época, surgiu outra teoria, a **epigênese**, de acordo com a qual um novo indivíduo originava-se de matéria não diferenciada e seus órgãos e estruturas característicos se formavam ao longo do desenvolvimento.

Representação feita em 1694 por Nicolas Hartsoeker (1656-1725), um pesquisador holandês simpatizante da teoria do pré-formismo. Nela foi representado um espermatozoide contendo um pequeno ser humano, pré-formado, designado como "homúnculo".

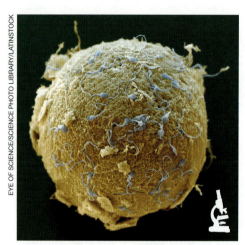

Micrografia de óvulo rodeado por espermatozoides. Na fecundação, geralmente apenas um espermatozoide penetra o óvulo. (Imagem obtida com microscópio eletrônico, colorizada artificialmente e com aumento de cerca de 550 vezes.)

O gameta feminino, o **óvulo**, foi descoberto em 1672, pelo médico holandês Regnier de Graaf (1641-1673) e o gameta masculino, o **espermatozoide**, foi observado pela primeira vez em 1675 pelo microscopista holandês Antonie van Leeuwenhoek (1632-1723). No entanto, o papel dos gametas na formação de um indivíduo só foi esclarecido no século XIX.

Experimentos mostraram que os indivíduos não estão previamente formados e que seu desenvolvimento ocorre após a união do óvulo com o espermatozoide, no processo de **fecundação**. Essa compreensão levou ao conhecimento de que óvulos e espermatozoides são as células que carregam as informações genéticas transmitidas de uma geração para a seguinte.

Cromossomos e hereditariedade

Atualmente se sabe que os gametas feminino e masculino contêm os cromossomos maternos e paternos, respectivamente. Os cromossomos são filamentos compactados e enovelados compostos de moléculas de DNA associadas a proteínas, onde estão as instruções para o funcionamento de cada célula e as informações hereditárias.

Durante o ciclo celular, ocorre a duplicação do DNA e os cromossomos passam a ser formados por dois filamentos, chamados de **cromátides-irmãs**, que permanecem ligados pelo **centrômero**. No processo de divisão celular, as cromátides se separam e cada uma delas irá compor o material genético de uma das células-filhas. Nas extremidades dos cromossomos localizam-se os **telômeros**, regiões que dão estabilidade aos cromossomos.

Tipos de cromossomos

A maioria das espécies que se reproduz sexuadamente, ou seja, por meio da união de gametas, tem células diploides, com cromossomos homólogos em pares. Nessas espécies, um cromossomo homólogo é de origem materna e o outro, de origem paterna.

Em algumas espécies, a diferença entre machos e fêmeas é determinada por um par de cromossomos específicos que carregam as informações sobre o sexo do indivíduo, os chamados **cromossomos sexuais** ou **heterossomos**; esses cromossomos variam entre os sexos. Os cromossomos que estão igualmente presentes em machos e fêmeas são denominados **autossomos**. Na espécie humana, por exemplo, uma célula somática (que forma o corpo) é $2n = 46$, sendo 44 autossomos e 2 cromossomos sexuais.

Nas diversas espécies de seres vivos, há três sistemas principais de determinação sexual cromossômica: XY, ZW e XO.

- **Sistema XY.** Ocorre em todos os mamíferos, em alguns insetos e plantas com sementes. As fêmeas têm um par de cromossomos homólogos, os **cromossomos X**. Nos machos há dois cromossomos diferentes, um **X** e um **Y**. Dessa forma, as fêmeas produzem um só tipo de gameta que carrega o cromossomo X, enquanto os machos produzem dois tipos de gameta, um que carrega o cromossomo X e outro, o cromossomo Y.
- **Sistema XO.** Ocorre em alguns insetos, como os gafanhotos. Nesse sistema, as fêmeas têm dois cromossomos X e os machos, apenas um, por isso são chamados de "xis-zero" (XO).

Esquema simplificado dos tipos de gametas produzidos por homens e por mulheres e os possíveis resultados da combinação desses gametas na fecundação. No sistema XY, o gameta masculino é que determina o sexo dos zigotos.

Fonte: CAMPBELL, N. A. et al. *Biology*. 8 ed. San Francisco: Benjamin Cummings, 2008.

- **Sistema ZW**. Ocorre nas aves, em diversas espécies de répteis, em algumas espécies de peixes e em algumas espécies de insetos. As fêmeas têm cromossomos sexuais diferentes, um cromossomo Z e um W. Os machos têm dois cromossomos Z. Desse modo, nesse sistema de determinação sexual cromossômica, o sexo do embrião é determinado pelo gameta feminino.

Genes e hereditariedade

O material genético e hereditário dos seres vivos é o DNA. As moléculas de DNA possuem as informações sobre a formação e o funcionamento de um organismo. Um segmento de DNA que determina a produção de uma molécula específica de RNA é chamado **gene**. A maioria das moléculas de RNA, por sua vez, orienta a produção de proteínas.

Os genes localizam-se em regiões determinadas dos cromossomos. Um gene pode ter diferentes versões, conhecidas como **alelos**, que são equivalentes quanto à posição nos cromossomos homólogos e atuam sobre a mesma característica. No entanto, os alelos não são idênticos e cada um deles pode condicionar uma variação da característica, como, por exemplo, cabelo liso e cabelo crespo ou semente de cor amarela e semente de cor verde.

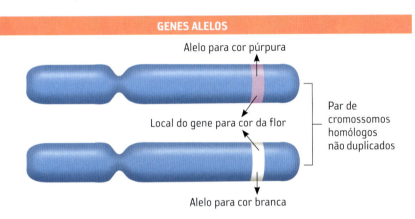

Representação esquemática da posição dos alelos hipotéticos de um gene para a cor da flor em um par de cromossomos homólogos. (Imagem sem escala; cores-fantasia.)

Fonte: CAMPBELL, N. A. et al. *Biology*. 8. ed. San Francisco: Benjamin Cummings, 2008.

Genes, código genético e proteínas

No processo de formação das proteínas, participam três tipos de RNA: RNA ribossômico (RNAr), que, com algumas proteínas, constitui a estrutura dos ribossomos; o RNA mensageiro (RNAm), que tem a informação sobre a ordem em que os aminoácidos devem ser unidos, e o RNA transportador (RNAt), que leva as moléculas de aminoácidos que vão formar a proteína até os ribossomos.

Todo RNA é formado a partir de um molde de DNA. A sequência de bases nitrogenadas de uma das fitas do DNA determina a sequência de bases do RNA pelo processo de **transcrição gênica**. A sequência de bases nitrogenadas do RNAm, por sua vez, determina a sequência de aminoácidos das proteínas no processo de **tradução gênica**.

Cada grupo de três bases nitrogenadas do RNAm é denominado **códon** e codifica um tipo de aminoácido. Por exemplo, três adeninas em sequência (AAA) no RNAm codificam o aminoácido lisina. No entanto, o mesmo tipo de aminoácido pode ser determinado por mais de um códon. Os códons CUU, CUC e CUA, por exemplo, codificam o aminoácido leucina. A relação entre os códons e os aminoácidos é denominada **código genético**.

A síntese de uma proteína tem início quando um RNAm se associa a um ribossomo. Cada ribossomo envolve alguns códons do RNAm. Cada molécula de RNAt tem uma sequência com três bases nitrogenadas, chamada **anticódon**, que determina um aminoácido específico a ser transportado. Os anticódons do RNAt formam pares com os códons do RNAm, seguindo as regras de pareamento entre as bases nitrogenadas (A = T; C = G). Os aminoácidos justapostos se ligam por meio da ligação peptídica, liberando os RNAt. O ribossomo se desloca abrangendo outro códon, o RNAt traz um novo aminoácido, que se liga aos demais, e assim sucessivamente, até que o ribossomo chegue a um códon de parada, ou seja, um dos códons para os quais não há aminoácido correspondente. Nesse momento, todos os participantes do processo se separam, soltando a proteína recém-formada.

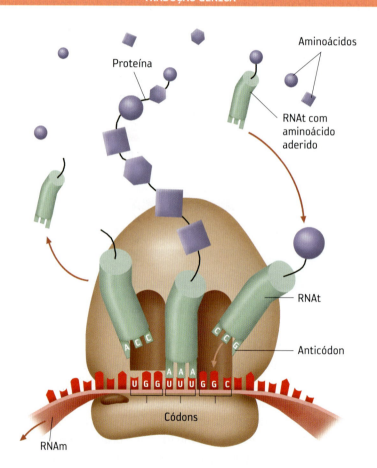

Representação esquemática do processo de tradução gênica. (Imagem sem escala; cores-fantasia.)

Fonte: CAMPBELL, N. A. et al. *Biology*. 8. ed. San Francisco: Benjamin Cummings, 2008.

Nos organismos pluricelulares, todas as células se originam de uma célula inicial, o zigoto. Dessa maneira, todas elas carregam os mesmos genes, ou seja, as mesmas informações genéticas. Ao longo do desenvolvimento, as células se especializam e apenas alguns genes continuam ativos e coordenam a produção de proteínas. Nas células da pele, por exemplo, o gene para produção da proteína melanina está ativo, ao passo que nas do estômago é o gene para produção de enzimas digestivas que está ativo. Há ainda trechos da molécula de DNA que não codificam nem proteínas nem RNA; acredita-se que esses fragmentos exerçam um papel de regulação da expressão dos genes.

TEMA 2

A Genética mendeliana

Mendel desvendou as bases da herança genética.

Mendel e a Genética

Gregor Johann Mendel (1822-1884) era bem jovem quando ingressou num mosteiro na cidade hoje chamada de Brno, na República Tcheca. O monge, que sempre teve muito interesse pelas ciências naturais, fez uma série de experimentos com plantas no jardim do mosteiro. Com esses experimentos, ele reconheceu os padrões da hereditariedade.

Experimentos de Mendel

Mendel usou plantas de ervilha-de-cheiro (*Pisum sativum*) em seus experimentos. Essas plantas têm várias características que as tornam adequadas a esse tipo de estudo: são fáceis de cultivar e manipular, possuem várias características contrastantes e simples de observar, têm ciclo de vida curto, que permite a produção de várias gerações em pouco tempo. Por outro lado, o fato de suas flores possuírem a porção feminina e a porção masculina permite não apenas a autofecundação, que ocorre naturalmente, mas também a fecundação cruzada, realizada por Mendel manualmente durante os experimentos.

CARACTERÍSTICAS DAS ERVILHAS-DE-CHEIRO ESTUDADAS POR MENDEL

Textura da semente (ervilha)	Lisa	Rugosa
Cor da semente (ervilha)	Amarela	Verde
Textura da vagem	Inflada	Comprimida
Cor da flor	Púrpura	Branca
Cor da vagem	Verde	Amarela
Altura da planta	Alta	Baixa
Posição da flor	Axilar	Terminal

Mendel estudou sete características contrastantes e facilmente identificáveis da ervilha-de-cheiro. (Imagem sem escala; cores-fantasia.)

Fonte: RAVEN, P. et al. *Biology*. 9. ed. New York: McGraw-Hill, 2011.

ESQUEMA DA POLINIZAÇÃO ARTIFICIAL

1. A parte masculina produtora de pólen é removida da flor púrpura para evitar a autopolinização.

2. O pólen é recolhido da parte masculina de uma flor branca com um pincel e é transferido para a parte feminina da flor púrpura.

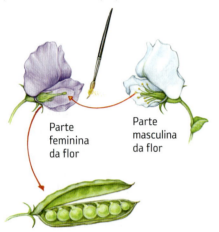

Parte feminina da flor

Parte masculina da flor

3. Ocorre a fecundação e as sementes se desenvolvem dentro da vagem.

4. As sementes são plantadas e darão origem a plantas-filhas resultantes do cruzamento.

(Imagem sem escala; cores-fantasia.)

Fonte: CAMPBELL, N. A. et al. *Biology*. 8. ed. San Francisco: Benjamin Cummings, 2008.

Representação esquemática do cruzamento entre plantas com flores púrpuras e plantas com flores brancas, resultando em F_1 em plantas apenas com flores púrpuras. Em F_2, resultante da autopolinização de F_1, para cada 3 flores púrpuras ocorre 1 flor branca. (Imagem sem escala; cores-fantasia.)

Fonte: CAMPBELL, N. A. et al. *Biology*. 8. ed. San Francisco: Benjamin Cummings, 2008.

Cruzamentos de ervilhas

Para cada característica estudada, Mendel selecionou **linhagens puras** das plantas de ervilha. As linhagens puras são aquelas que, quando cruzadas entre si ao longo das gerações, produzem sempre plantas com a mesma variação para uma característica. Por exemplo, plantas com semente verdes, cruzadas entre si ao longo de várias gerações e que produzem sempre descendentes com sementes verdes, são consideradas linhagens puras para cor da semente.

Mendel iniciou seus experimentos cruzando linhagens puras de plantas com características diferentes. Por exemplo, cruzou uma planta com flores brancas com uma planta com flores púrpuras. As flores da ervilha de cheiro favorecem a autopolinização, pois suas porções femininas e masculinas amadurecem ao mesmo tempo e ficam fechadas entre as pétalas. Assim, para obter a polinização cruzada, Mendel promoveu a polinização artificial.

As variedades puras utilizadas no cruzamento são chamadas de **geração parental (P)**, ao passo que os descendentes produzidos desse cruzamento recebem o nome de **primeira geração de descendentes** ou **geração F_1**.

Ao cruzar linhagens puras de plantas com características distintas, Mendel esperava encontrar em F_1 uma mistura das duas características. No entanto, o que ocorreu é que todas as plantas de F_1 tinham a mesma característica de um dos parentais.

Depois de obter F_1, Mendel permitiu que as plantas dessa geração se autofecundassem e produzissem a **segunda geração de descendentes** ou **geração F_2**. Observando as plantas de F_2, o monge notou que a maioria delas tinha a característica presente em F_1, mas algumas plantas apresentavam a característica contrastante. No caso da cor da flor, em F_1 todas eram púrpuras. Depois da autopolinização de F_1, Mendel obteve 929 sementes, que foram plantadas e produziram em F_2 705 plantas com flor púrpura e 224 plantas com flor branca. Ele notou que a proporção 705 : 224 é, praticamente, 3 : 1.

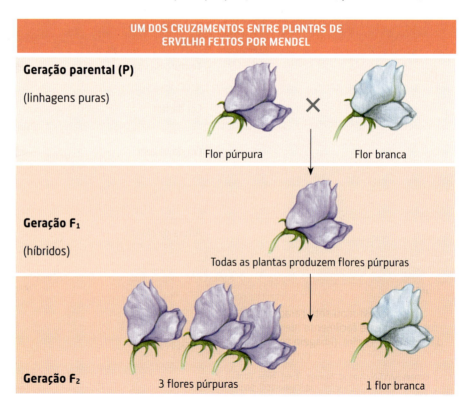

UM DOS CRUZAMENTOS ENTRE PLANTAS DE ERVILHA FEITOS POR MENDEL

Geração parental (P) (linhagens puras) — Flor púrpura × Flor branca

Geração F_1 (híbridos) — Todas as plantas produzem flores púrpuras

Geração F_2 — 3 flores púrpuras : 1 flor branca

Mendel repetiu esse mesmo tipo de cruzamento para as outras seis características da ervilha-de-cheiro que se propôs estudar. Para todas elas obteve resultados semelhantes, com uma proporção de 3 : 1 na geração F_2. Concluiu, portanto, que essa proporção não era ocasional e passou a buscar uma explicação para isso.

Interpretação dos resultados

Mendel propôs que cada característica da ervilha-de-cheiro era condicionada por dois fatores, um recebido do pai e um recebido da mãe. Atualmente, sabe-se que os fatores a que Mendel se referia são os alelos de um mesmo gene. Embora as plantas de F_1 tivessem flores púrpuras, ainda mantinham a capacidade de produzir plantas com flores brancas. Com base nesse dado, Mendel deduziu que o fator para flor de cor branca não havia desaparecido ou se misturado, apenas não se manifestava na presença do fator para flor de cor púrpura. Ele classificou o fator que condiciona a variedade que aparece em F_1 como **dominante** em relação ao fator que condiciona a outra variedade, chamado de **recessivo**.

Atualmente, convenciona-se utilizar a primeira letra do caráter recessivo para representar os alelos, sendo o alelo recessivo em letra minúscula e o alelo dominante, em letra maiúscula. Por exemplo, no caso da cor da flor da ervilha-de-cheiro, a cor branca é a recessiva; portanto, os alelos seriam representados pela letra *b*, sendo b para o alelo recessivo (branco) e *B* para o alelo dominante (púrpura).

Conclusões de Mendel

- Cada planta possui dois fatores (alelos), um recebido do pai e outro da mãe, que determinam o aparecimento de uma característica.
- Quando um organismo tem dois alelos diferentes para a mesma característica, ou seja, é um híbrido, apenas o dominante se manifesta.
- Nos gametas, cada alelo aparece em dose simples. Ou seja, no momento da produção dos gametas, os alelos para a mesma características são separados de forma independente.

Com base nessas conclusões, foi postulada a **primeira lei de Mendel**, que afirma: cada característica é condicionada por um par de fatores que se segregam durante a formação dos gametas, nos quais ocorre apenas um dos membros do par.

A meiose e a primeira lei de Mendel

Na época em que Mendel realizou seus experimentos, os mecanismos de divisão celular não estavam bem esclarecidos e os cromossomos ainda não eram conhecidos. Atualmente sabemos que parte das conclusões de Mendel pode ser explicada pela forma como os gametas da maioria dos animais e das plantas são produzidos, ou seja, pela meiose.

Os fatores a que Mendel se referiu são os genes alelos, que ocupam o mesmo local no par de cromossomos homólogos. Os fenômenos responsáveis pela separação dos fatores ocorrem na meiose, quando há segregação dos cromossomos homólogos e depois das cromátides-irmãs. Assim, cada gameta receberá apenas um alelo de cada par.

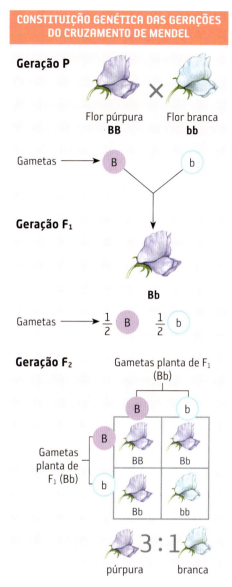

(Imagem sem escala; cores-fantasia.)

Fonte: CAMPBELL, N. A. et al. *Biology*. 8. ed. San Francisco: Benjamin Cummings, 2008.

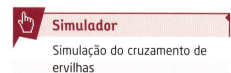

Simulação do cruzamento de ervilhas

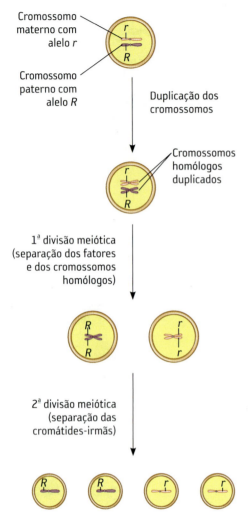

SEPARAÇÃO DOS FATORES HEREDITÁRIOS E DOS CROMOSSOMOS HOMÓLOGOS NA MEIOSE

Gametas com um dos pares de alelos.

A separação independente dos cromossomos homólogos durante a meiose faz com que os genes alelos (*R* e *r*, nesse exemplo) se separem e ocorram em dose única nos gametas. Para fins didáticos, estão representados apenas um par de cromossomos homólogos e um par de fatores. (Imagem sem escala; cores-fantasia.)

HARTL, D. L.; JONES, E. W. *Genetics*: analysis of genes and genomes. 7. ed. Sudbury: Jones and Bartlett, 2009.

Genótipo e fenótipo

O **genótipo** de um indivíduo é a sua composição gênica, ou seja, o conjunto de genes que ele possui. O conjunto das características observáveis, por sua vez, corresponde ao **fenótipo**. Por exemplo, a cor da semente (fenótipo) de uma planta é determinada por dois alelos (genótipo): *V* determina a cor amarela e *v* determina a cor verde, sendo o alelo para cor amarela dominante sobre o alelo para cor verde. Assim, se uma planta tiver dois alelos *V* em um par de homólogos, seu genótipo será *VV* e seu fenótipo será semente amarela. Se o genótipo for *vv*, o fenótipo será semente verde, e, ainda, se o genótipo for *Vv*, o fenótipo será semente amarela.

Quando o indivíduo apresenta dois alelos iguais de um gene, como *VV* ou *vv*, é chamado de **homozigoto**. Quando o indivíduo apresenta dois alelos diferentes de um gene, como *Vv*, é denominado **heterozigoto** ou **híbrido**.

Cruzamento teste

Quando um indivíduo tem fenótipo dominante e se deseja determinar se ele é homozigoto ou heterozigoto, uma maneira é promover seu cruzamento com um indivíduo com fenótipo recessivo. No caso da textura da semente de ervilha, o fenótipo liso é dominante sobre o rugoso. Portanto, um indivíduo com fenótipo liso, pode ser *RR* ou *Rr*, ao passo que um indivíduo com semente rugosa só pode ser *rr*. Analisando a descendência de um cruzamento entre uma planta de sementes lisas com outra de sementes rugosas é possível concluir qual é o genótipo da primeira: caso nasçam apenas indivíduos com sementes lisas, conclui-se que o indivíduo com sementes lisas produz apenas gametas *R*, ou seja, seu genótipo é *RR*. Se nascerem indivíduos com sementes lisas e rugosas, conclui-se que o parental com sementes lisas também produz gametas com o alelo *r* e, portanto, seu genótipo é *Rr*.

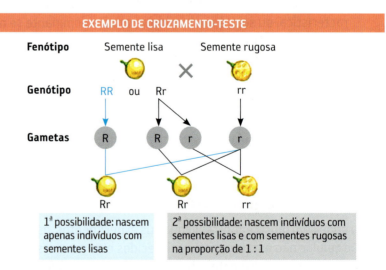

Nos cruzamentos-testes, observando-se os descendentes é possível determinar o genótipo de um dos parentais. (Imagem sem escala; cores-fantasia.)

Variações de dominância

Em seus estudos com as ervilhas-de-cheiro, Mendel relatou a dominância e a recessividade completas. No entanto, na natureza há casos em que os alelos se comportam de formas diferentes.

Dominância incompleta

Quando linhagens puras da planta maravilha (*Mirabilis jalapa*) com flores vermelhas são cruzadas com plantas da mesma espécie mas com flores brancas, o resultado em F_1 são flores cor-de-rosa. Por meio da autopolinização de F_1, produz-se F_2 composta de plantas com flores vermelhas, rosas e brancas, na proporção 1 : 2 : 1, cujos genótipos são representados por letras com índices: flor vermelha, $C^V C^V$; flor branca, $C^B C^B$, e flor rosa, $C^V C^B$. Nesse caso, diz-se que há **dominância incompleta** entre os alelos. Quando isso acontece, o fenótipo do heterozigoto é intermediário aos dois homozigotos.

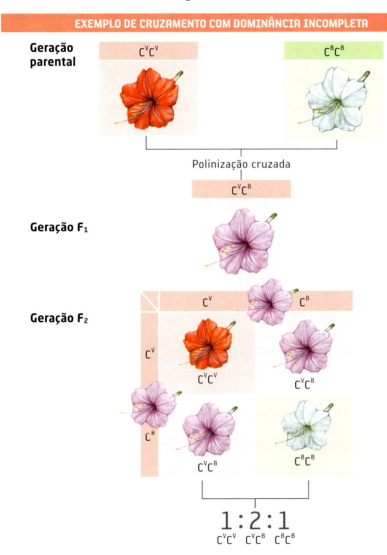

(Imagem sem escala; cores-fantasia.)

Fonte: Raven, P. et al. *Biology*. 9. ed. New York: McGraw-Hill, 2011.

Codominância

Há outros casos em que o indivíduo heterozigoto apresenta os fenótipos de ambos os indivíduos homozigotos, caracterizando a codominância. É o que ocorre, por exemplo, na cor da pelagem no gado da raça *Shorthorn*, em que os homozigotos podem ser marrons ($P^M P^M$) ou brancos ($P^B P^B$) e o heterozigoto ($P^M P^B$) é marrom e branco.

A pelagem marrom e branca do gado da raça *Shorthorn* é um exemplo de codominância.

Alelos letais

A cor da pelagem dos camundongos selvagens pode ser amarela ou preta, sendo que o alelo para pelagem amarela é dominante (P) sobre o alelo para pelagem preta (p). Em 1904, pesquisadores observaram que do cruzamento entre camundongos amarelos heterozigotos (Pp) nasciam filhotes amarelos e pretos na proporção 2 : 1. Como essa proporção era diferente da proporção mendeliana genotípica para dominância completa, os pesquisadores sugeriram que o alelo dominante, quando em dose dupla, era letal, inviabilizando a ocorrência de camundongos amarelos homozigotos. Nesse caso, os indivíduos Pp são amarelos e nascem vivos, os pp são pretos e também viáveis, mas os PP não sobrevivem. Os **alelos letais**, portanto, são genes que afetam a sobrevivência de seus portadores, causando a morte prematura.

Genética mendeliana e características humanas

Algumas características humanas contrastantes são determinadas por pares de alelos herdados da mesma forma descrita por Mendel. No entanto, como não é possível realizar cruzamentos controlados entre humanos, o estudo dos padrões de herança e da distribuição da característica em uma família deve ser feito investigando-se os casamentos já ocorridos. Os geneticistas representam essas informações por meio de **heredogramas** ou **genealogias**, nos quais a distribuição e a transmissão de uma característica em uma família são representadas com símbolos.

Análise de um heredograma

O heredograma a seguir representa três gerações de uma família e a característica a ser estudada é o lóbulo da orelha. O lóbulo da orelha preso é determinado pelo alelo recessivo (p) e o lóbulo da orelha solto é determinado pelo alelo dominante (P).

Uma importante aplicação da análise das genealogias é o cálculo da probabilidade de nascimento de filhos com determinada característica. Por exemplo, se o casal da 2ª geração decidisse ter mais um filho, qual seria a probabilidade de ele nascer com o lóbulo da orelha preso? Para responder, basta fazer o teste entre os genitores (heterozigotos), Pp × Pp. A descendência obedece às proporções mendelianas, ou seja, podem ser geradas crianças com lóbulo solto (PP e Pp) e com lóbulos presos (pp) na proporção de 3 : 1. Portanto, a probabilidade de nascer uma criança com lóbulo da orelha preso é de 25%.

ALGUNS SÍMBOLOS USADOS NOS HEREDOGRAMAS

☐ Homem
○ Mulher
■ Homem afetado
● Mulher afetada
☐—○ casamento
○ ☐ ☐ irmãos

Fonte: CAMPBELL, N. A. et al. *Biology*, 8 ed. San Francisco: Benjamin Cummings, 2008.

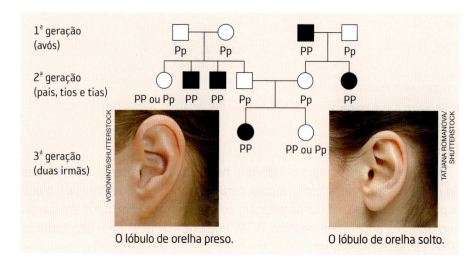

O lóbulo da orelha é uma das características humanas que obedece à primeira lei de Mendel.

Fonte: CAMPBELL, N. A. et al. *Biology*. 8. ed. San Francisco: Benjamin Cummings, 2008.

TEMA 3
Segunda lei de Mendel

Os alelos de um gene se segregam de forma independente dos alelos de outros genes.

Herança de duas características

Além de estudar a herança de uma característica por vez nas ervilhas-de-cheiro, Mendel também estudou a ocorrência concomitante da herança de duas características nessas plantas. Para isso ele utilizou nos cruzamentos linhagens puras para duas características, por exemplo: plantas com sementes amarelas e lisas (*VVRR*) e plantas com sementes verdes e rugosas (*vvrr*). Na geração F_1, obteve todas as plantas com sementes amarelas e lisas (*VvRr*). Em seguida Mendel permitiu a autofecundação dos indivíduos de F_1 para obter F_2. As sementes produzidas pelas plantas da geração F_2 eram de quatro tipos diferentes: 315 amarelas e lisas; 108 verdes e lisas; 101 amarelas e rugosas; 32 verdes e rugosas. Esses números correspondem aproximadamente a uma proporção de 9 : 3 : 3 : 1.

Mendel fez cruzamentos com outras combinações de características e em todos eles a proporção de F_2 se aproximava de 9 : 3 : 3 : 1. Mais uma vez, essa proporção parecia não ser casual e sim decorrente de um novo padrão hereditário. Os fenótipos "semente amarela e lisa" e "semente verde e rugosa" já existiam na geração parental, mas os fenótipos "semente amarela e rugosa" e "semente verde e lisa" apareceram apenas em F_2. O surgimento desses dois fenótipos levou Mendel a concluir que os fatores que condicionavam a cor da semente se separavam independentemente dos fatores que condicionavam a textura da semente. Desse modo, foi estabelecida a **segunda lei de Mendel**, de acordo com a qual, durante a formação dos gametas, a segregação dos alelos de um gene ocorre de forma independente da segregação dos alelos de outros genes.

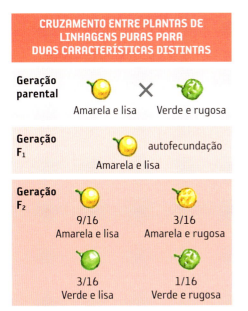

(Imagem sem escala; cores-fantasia.)

COLETIVO CIÊNCIAS

Influências ao trabalho de Mendel

Mendel era filho de agricultores e desde muito cedo conciliou os estudos com o trabalho no campo. Em 1840, aos 18 anos de idade, foi matriculado na Universidade de Olmütz, onde estudou filosofia, matemática, física, religiões e história natural. A partir de 1843, como noviço no Mosteiro de Santo Tomás, em Brno, aliou os estudos teológicos aos cursos de agricultura. Na Universidade de Viena, estudou áreas da biologia, física e matemática.

Durante sua vida, Mendel exerceu uma vasta gama de atividades. O convívio e o trabalho com famílias de agricultores despertaram o interesse de Mendel pela hibridação de espécies. Mendel considerava-se um hibridador. Ele também se inspirou nos trabalhos dos agricultores, que tinham como objetivo aumentar o rendimento e melhorar a qualidade de plantas e animais.

Os experimentos, as obras e as ideias de Mendel tiveram influência de várias pessoas e de áreas distintas do conhecimento, que serviram como base e inspiração para todo seu trabalho.

Meiose e a segunda lei de Mendel

Com os conhecimentos da meiose, foi possível explicar a segregação independente dos genes para textura e cor das sementes: ela ocorre devido ao fato de esses genes estarem localizados em cromossomos distintos.

Os parentais *VVRR* (sementes amarelas e lisas) e *vvrr* (sementes verdes e rugosas) produzem, por meiose, gametas do tipo *VR* e *vr*, respectivamente. A união dos gametas *VR* com *vr* produz em F_1 indivíduos *VvRr*, que têm sementes amarelas e lisas. Os indivíduos *VvRr* produzem quatro tipos de gametas: *VR*, *Vr*, *vR*, e *vr*, todos com a mesma frequência, ou seja 1/4 ou 25%. A geração F_2 é o resultado da combinação, por autofecundação, desses quatro tipos de gametas.

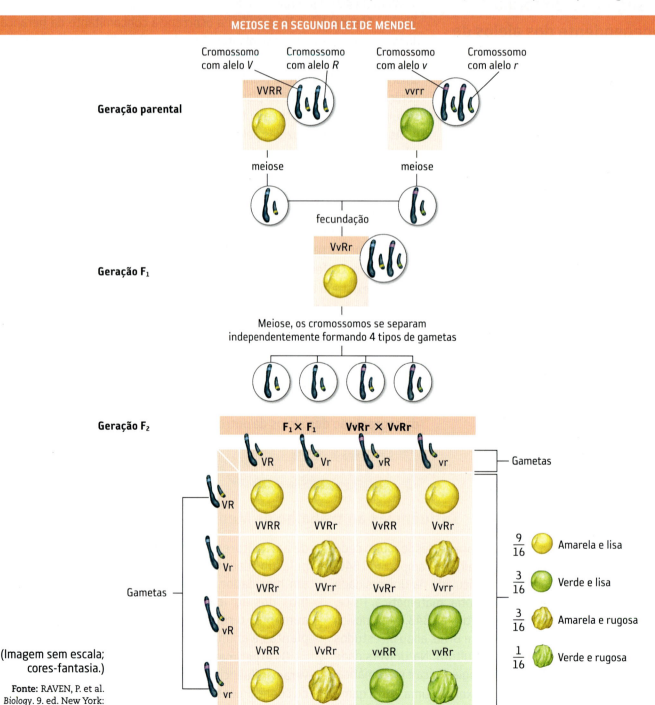

(Imagem sem escala; cores-fantasia.)

Fonte: RAVEN, P. et al. *Biology*. 9. ed. New York: McGraw-Hill, 2011.

Cálculo das proporções dos genótipos e fenótipos

Para descobrir todos os genótipos e os fenótipos de um cruzamento e calcular suas frequências, o primeiro passo é encontrar os gametas que cada indivíduo produz. Considerando o exemplo dado, em que o cruzamento em F_1 aconteceu entre dois indivíduos *VvRr*, os gametas produzidos por eles podem ser visualizados usando um sistema de chave:

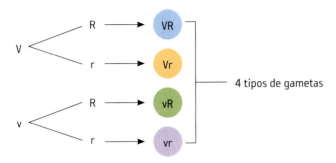

Na chave acima, indivíduos heterozigotos para duas características produzem quatro tipos de gametas.

Depois de encontrar os tipos de gametas, é preciso combiná-los para obter os genótipos e os fenótipos que vão resultar do cruzamento. Para isso utiliza-se um esquema chamado de **quadrado de Punnett**.

O quadrado de Punnett foi criado pelo geneticista inglês Reginald Punnett (1875-1967). Para construí-lo, basta desenhar uma grade e escrever os gametas produzidos por um genitor na margem superior e os gametas produzidos pelo outro genitor no lado esquerdo. Cada quadrado da grade contém um alelo de cada um dos gametas correspondentes, indicando o genótipo da prole produzido pela fusão desses gametas. Pela contagem das combinações, é possível determinar os genótipos e os fenótipos da prole e suas proporções.

♀ \ ♂	VR	Vr	vR	vr
VR	VVRR	VVRr	VvRR	VvRr
Vr	VVRr	VVrr	VvRr	Vvrr
vR	VvRR	VvRr	vvRR	vvRr
vr	VvRr	Vvrr	vvRr	vvrr

Observando o quadrado de Punnett acima podemos encontrar as proporções genotípicas: 1 *VVRR* : 2 *VVRr* : 1 *VVrr* : 2 *VvRR* : 4 *VvRr* : 2 *Vvrr* : 1 *vvRR* : 2 *vvRr* : 1 *vvrr*.

Depois de descobrir os genótipos, é preciso fazer a correspondência com os fenótipos. Todos os genótipos *V_R_* correspondem a ervilhas amarelas e lisas, que no total são 9, entre as 16 possibilidades. Todos os genótipos *V_rr* são ervilhas amarelas e rugosas que correspondem a 3/16. Os genótipos *vvR_* são ervilhas verdes e lisas que correspondem a 3/16 e, por fim, o genótipo *vvrr* produz ervilhas verdes e rugosas e corresponde a 1/16.

TEMA 4 — Herança de alelos múltiplos

Os alelos múltiplos são três ou mais variações de determinado gene.

O que são alelos múltiplos?

Até o momento, vimos características determinadas por genes com dois alelos, como no caso da cor das sementes, que podem ser amarelas ou verdes. Há casos, porém, em que um gene pode ocorrer, na população, em três ou mais formas alélicas. Esses casos são chamados de **alelos múltiplos**. Cada indivíduo diploide possui sempre dois alelos, um em cada cromossomo do par homólogo, mas na população há mais genótipos possíveis.

A cor da pelagem em coelhos

O gene que condiciona a cor da pelagem em coelhos é um exemplo de alelos múltiplos. Há quatro alelos que condicionam a cor dos pelos: C (cor aguti, castanho), c^{ch} (chinchila, cinza claro), c^h (himalaia, branco com as extremidades pretas), c^a (albino). Os alelos foram apresentados na ordem de dominância. Desse modo, C domina sobre todos os outros; c^{ch} domina sobre c^h e c^a; c^h domina sobre c^a.

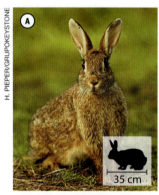

CC, Cc^{ch}, Cc^h, Cc^a

$c^{ch}c^{ch}, c^{ch}c^h, c^{ch}c^a$

c^hc^h, c^hc^a

c^ac^a

Padrões de pelagem em coelhos e os respectivos genótipos. (**A**) Aguti. (**B**) Chinchila. (**C**) Himalaia. (**D**) Albino.

Saiba mais!

ORIGEM DOS ALELOS MÚLTIPLOS

A duplicação do DNA é um processo muito preciso; sendo assim, um gene, ao se duplicar, deve produzir uma cópia perfeita dele mesmo. Porém, em algumas situações, podem ocorrer mutações, que são mudanças na sequência de nucleotídios na fita de DNA, durante a duplicação, que acontecem ao acaso. Um gene, ao sofrer uma mutação, pode dar origem a um alelo diferente, o qual produz uma proteína ligeiramente modificada. Outras mutações podem ocorrer nesses genes, levando à formação de alelos múltiplos. De forma simplificada, podemos dizer que os alelos múltiplos são decorrentes de mutações sucessivas de determinado gene.

Os grupos sanguíneos do sistema ABO

Os diferentes tipos sanguíneos em humanos são outro caso de alelos múltiplos. No sistema ABO, os tipos sanguíneos são **A**, **B**, **AB** e **O**, e caracterizam-se pela presença de diferentes antígenos na membrana das hemácias, os **aglutinogênios**. A presença dos tipos distintos de aglutinogênio é condicionada por três alelos: I^A, que determina a produção do aglutinogênio do tipo A; I^B, que determina a produção do aglutinogênio do tipo B, e i, que não produz aglutinogênio. Cada indivíduo possui apenas dois desses alelos. Os alelos I^A e I^B têm uma relação de codominância entre si e ambos são dominantes em relação ao alelo i.

Enquanto na membrana das hemácias há antígenos, no plasma sanguíneo há anticorpos, chamados **aglutininas**. Esses anticorpos, em contato com os antígenos específicos, promovem a aglutinação das hemácias. Pessoas com sangue do tipo A têm aglutininas anti-B; pessoas com sangue tipo B têm aglutininas anti-A; pessoas com sangue tipo O têm aglutininas anti-A e anti-B; já indivíduos com sangue tipo AB não produzem aglutininas.

GENÓTIPOS E FENÓTIPOS DOS GRUPOS SANGUÍNEOS DO SISTEMA ABO

Genótipo	Hemácia	Fenótipo (grupo sanguíneo)	Aglutinina (no plasma)
$I^A I^A$ ou $I^A i$ (Aglutinogênio A)		A	Anti-B
$I^B I^B$ ou $I^B i$ (Aglutinogênio B)		B	Anti-A
$I^A I^B$		AB	nenhuma
ii		O	Anti-A de Anti-B

Esquema mostrando os tipos sanguíneos, seus respectivos genótipos, os tipos de aglutinogênio nas hemácias e os tipos de aglutininas no plasma. (Imagem sem escala; cores-fantasia.)

Fonte: CAMPBELL, N. A. et al. *Biology*. 8. ed. San Francisco: Benjamin Cummings, 2008.

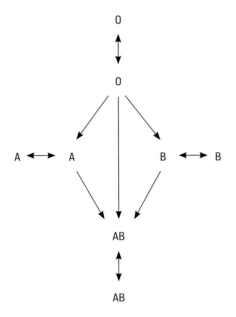

Diagrama mostrando as possibilidades de transfusão entre os tipos sanguíneos.

Transfusões sanguíneas

Os tipos sanguíneos produzem aglutininas contra o aglutinogênio que não está presente em suas hemácias. Se uma pessoa receber sangue com aglutinogênios diferentes dos seus, o corpo produzirá aglutininas, que vão promover a aglutinação das hemácias e a coagulação do sangue. Isso poderá provocar o entupimento de vasos sanguíneos e outras complicações que poderão levar essa pessoa à morte. Portanto, para garantir a segurança nas transfusões sanguíneas, é preciso tomar certos cuidados. Entre eles, destacam-se os seguintes:

- Todos os tipos sanguíneos podem receber sangue do próprio tipo;
- Pessoas do grupo AB podem receber sangue de qualquer tipo sanguíneo do sistema ABO (são receptores universais);
- Pessoas do grupo O só podem receber sangue tipo O. No entanto, como não têm aglutinogênios, podem doá-lo para qualquer pessoa, independentemente do tipo sanguíneo do sistema ABO (são doadores universais).

O fator Rh

Em 1940, pesquisadores que trabalhavam com macacos do gênero *Rhesus* notaram que nas hemácias dos animais havia um antígeno, que foi denominado **fator Rh**. Posteriormente, verificou-se que algumas pessoas também possuíam o fator Rh, e elas foram denominadas Rh positivo (Rh$^+$), enquanto as pessoas sem o fator Rh foram denominadas Rh negativo (Rh$^-$).

O fator Rh é condicionado por dois alelos: *R*, que determina a presença do fator (Rh$^+$), e *r*, que condiciona a ausência do fator (Rh$^-$). Assim, os indivíduos com genótipos *RR* e *Rr* têm fenótipo Rh$^+$, enquanto indivíduos com o genótipo *rr* têm fenótipo Rh$^-$.

Quando uma pessoa Rh$^-$ recebe sangue Rh$^+$, não há reação a princípio, pois ela ainda não possui anticorpos anti-Rh. Os anticorpos anti-Rh são produzidos gradativamente e; portanto, se essa pessoa receber transfusões com sangue Rh$^+$, poderá ter problemas graves.

SAÚDE EM PAUTA

Eritroblastose fetal

A eritroblastose fetal é uma doença caracterizada pela aglutinação das hemácias do feto ou do recém-nascido. Ela acontece quando a mãe é Rh$^-$, o pai é Rh$^+$ e o bebê também é Rh$^+$. Durante a gestação, a mãe entra em contato com o sangue do filho e passa a produzir aglutininas anti-Rh. Estas passam para o feto através da placenta, provocando a aglutinação das hemácias, que se rompem e liberam hemoglobina do plasma fetal. A hemoglobina é convertida em bilirrubina, que faz com que a pele da criança se torne amarela (icterícia), além de se depositar nas células do sistema nervoso, destruindo-as.

Na primeira gestação, a mãe geralmente não desenvolve aglutininas suficientes para provocar a doença no feto. No entanto, a partir da segunda gravidez de uma criança Rh$^+$, aumenta-se progressivamente o risco de o bebê ter suas hemácias destruídas pelos anticorpos maternos. A criança recém-nascida portadora da doença tem icterícia, anemia grave e pode ter problemas neurológicos.

O tratamento pode ser feito substituindo gradativamente o sangue do recém-nascido por sangue Rh$^-$, mantendo baixo o nível de bilirrubina e retirando da circulação os anticorpos anti-Rh recebidos da mãe.

Durante o pré-natal, mães Rh$^-$ devem ser submetidas a exames e a tratamentos para evitar sua sensibilização com o fator Rh do feto e a produção de anticorpos. Dessa maneira, pode-se evitar o desenvolvimento da doença no recém-nascido.

TEMA 5
Herança genética e sexo

A herança de algumas características pode ser influenciada pelo sexo do indivíduo.

Influência do sexo na herança

Os casos estudados até o momento mostram que as características de um indivíduo dependem dos genes que ele herdou, sem considerar se esses genes estão no cromossomo recebido do pai ou da mãe, ou se o indivíduo é macho ou fêmea. No entanto, na maioria das espécies, o sexo é determinado por genes que se localizam nos cromossomos sexuais. Esses cromossomos, além de ter o gene que determina o sexo do indivíduo, também carregam genes para outras características. Dizemos que a herança dessas características está condicionada ao sexo.

Cromossomos sexuais

Como vimos, na maioria dos mamíferos, incluindo os seres humanos, em alguns insetos e em algumas espécies de plantas vasculares, o sexo do indivíduo é determinado pelo sistema XY. Assim, as fêmeas têm dois cromossomos sexuais iguais, XX, e os machos têm cromossomos sexuais diferentes, XY.

Os machos podem produzir espermatozoides de dois tipos, metade deles carrega o cromossomo X e a outra metade, o cromossomo Y. Já as fêmeas produzem apenas gametas com o cromossomo X. Durante a reprodução, há 50% de chance de um espermatozoide com cromossomo X fecundar o gameta feminino, produzindo uma fêmea (XX), e 50% de chance de um espermatozoide com cromossomo Y fecundar o gameta feminino, produzindo um macho (XY).

Nos seres humanos, os cromossomos X e Y são diferentes quanto ao tamanho e à forma e têm apenas uma pequena região homóloga, em que os genes são correspondentes. As outras regiões têm genes que codificam características distintas, as quais serão transmitidas aos descendentes juntamente com os cromossomos.

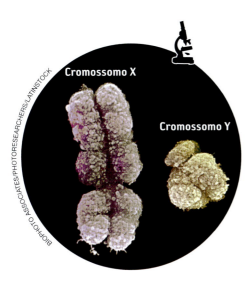

Cromossomos sexuais humanos. (Imagem obtida com microscópio eletrônico, colorizada artificialmente e com aumento de cerca de 93.900 vezes.)

Herança ligada ao sexo

Em 1909, o geneticista estadunidense Thomas Hunt Morgan (1866-1945) começou a estudar os padrões de herança em pequenas moscas, chamadas drosófilas (*Drosophila melanogaster*). Esse inseto possui 4 pares de cromossomos, 2 autossomos e 2 sexuais e o sexo é determinado pelo sistema XY: fêmeas são XX e machos são XY.

Uma característica estudada dessas moscas foi a cor dos olhos, que podem ser vermelhos ou brancos. O geneticista notou que, nos resultados de alguns cruzamentos, essa característica não se distribuía de forma igual entre os sexos. Ao cruzar um macho com olhos brancos com uma fêmea com olhos vermelhos, toda prole em F_1 tinha olhos vermelhos, indicando que o alelo para olho branco era recessivo. Permitindo que machos e fêmeas de F_1 cruzassem entre si, Morgan obteve em F_2 a proporção de 3 moscas de olhos vermelhos para 1 mosca de olho branco, sendo que todas as moscas de olhos brancos eram machos. Em outro teste, um macho de olhos vermelhos foi cruzado com uma fêmea de olhos brancos. Em F_1, todos os machos tinham olhos brancos e todas as fêmeas tinham olhos vermelhos. Em F_2 os resultados foram iguais aos do primeiro teste.

A explicação que Morgan encontrou para os resultados é que o gene para cor dos olhos está no cromossomo X e não possui correspondência no cromossomo Y. Em decorrência da segregação dos cromossomos homólogos durante a formação dos gametas, portanto, as fêmeas têm dois alelos para cor dos olhos, e os machos, apenas um.

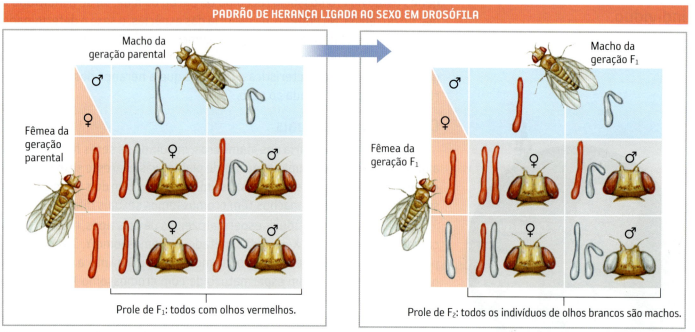

(Imagens sem escala; cores-fantasia.)
Fonte: RAVEN, P. et al. Biology. 9. ed. New York: McGraw-Hill, 2011.

Daltonismo

Nos seres humanos também já foram constatadas algumas características ligadas ao sexo.

O daltonismo caracteriza-se pela incapacidade de distinguir algumas cores, como o vermelho e o verde. A visão em cores baseia-se em três tipos diferentes de células da retina, os cones, cada um dos quais é sensível a diferentes comprimentos de onda da luz, ou seja, a cores distintas: verde, vermelho e azul. Os genes para produção dos cones sensíveis ao verde e ao vermelho encontram-se no cromossomo X e não possuem equivalentes no cromossomo Y. O alelo que condiciona a visão normal é dominante (*D*) e o alelo para o daltonismo é recessivo (*d*).

Considerando uma mulher com visão normal, mas portadora do alelo para daltonismo ($X^D X^d$) e seu marido com visão normal ($X^D Y$), qual é a chance de esse casal ter um filho daltônico? A chance é de 1/4, ou 25%, e certamente será um menino que terá herdado o alelo recessivo da mãe. Observe o esquema ao lado.

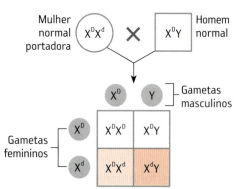

Representação da herança do daltonismo, uma característica recessiva e ligada ao cromossomo X.

Fonte: CAMPBELL, N. A. et al. Biology. 8. ed. San Francisco: Benjamin Cummings, 2008.

Hemofilia

A hemofilia mais comum é uma condição na qual não é produzida uma substância essencial para a coagulação do sangue, o fator VIII. Pessoas hemofílicas podem sofrer com hemorragias frequentes que podem levá-las à morte.

A herança da hemofilia segue os mesmos padrões do daltonismo. O gene responsável pela produção do fator VIII encontra-se no cromossomo X, sem correspondente no Y. O alelo que condiciona a coagulação normal é dominante e o alelo que condiciona a hemofilia é recessivo.

Por exemplo, um homem hemofílico (X^hY) casado com uma mulher normal (X^HX^H) terá filhos normais e filhas normais portadoras. Estas poderão transmitir o alelo recessivo aos seus filhos, que terão hemofilia.

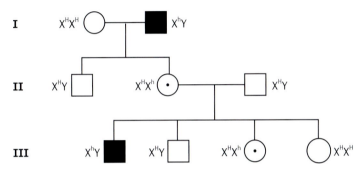

Heredograma hipotético da herança da hemofilia. Os alelos recessivos ligados ao cromossomo X do pai não se expressaram na filha (que é portadora) da geração seguinte, mas voltaram a se manifestar em um dos filhos dela.

Herança restrita ao sexo

Há algumas características condicionadas pelos genes que ocupam a região do cromossomo Y sem correspondência no cromossomo X. Nesses casos, apenas os homens herdam esses genes, transmitidos de pai para filho e que, por isso, nunca aparecem nas mulheres da família. Um exemplo é o gene TDF, que codifica o fator determinante de testículos. Esse fator promove o desenvolvimento dos testículos nos embriões do sexo masculino, ou seja, que têm o cromossomo Y.

Diferenciando a herança autossômica da relacionada ao sexo

Ao analisar genealogias é possível determinar se uma característica segue o padrão de herança autossômica ou é relacionada ao sexo.

Nos heredogramas de uma característica restrita ao sexo (relacionada ao cromossomo Y), essa característica está presente nos indivíduos do sexo masculino de todas as gerações. Por outro lado, os heredogramas de uma característica recessiva ligada ao cromossomo X exibem algumas particularidades:
- Muito mais homens que mulheres expressam a característica em estudo.
- A característica não é passada de pai para filho, mas as filhas são portadoras e seus descendentes do sexo masculino podem expressa-la.

As características dominantes ligadas ao cromossomo X são muito raras nos seres humanos. Quando ocorrem, nos heredogramas aparecem mais indivíduos do sexo feminino afetados que indivíduos do sexo masculino, sendo que os homens afetados não passam a característica para os filhos, mas todas as filhas deles serão afetadas.

TEMA 6
Alterações cromossômicas

Alterações na estrutura ou no número de cromossomos podem modificar o fenótipo dos indivíduos.

Tipos de alterações cromossômicas

Alterações nos cromossomos podem mudar os fenótipos dos indivíduos. Distúrbios físicos ou químicos, além de erros durante a meiose, podem danificar os cromossomos, alterar sua estrutura ou o seu número em uma célula. As principais alterações cromossômicas são numéricas ou estruturais.

Alterações numéricas

As alterações numéricas podem ser classificadas em euploidias e aneuploidias.

As **euploidias** são alterações que provocam aumento ou diminuição de genomas inteiros, produzindo, em vez de indivíduos diploides (2n), indivíduos haploides (n), triploides (3n) e tetraploides (4n). Um organismo triploide pode ser resultante, por exemplo, da fecundação de um óvulo diploide cujos cromossomos homólogos não se separaram durante a meiose. Um organismo tetraploide, por sua vez, pode ser produzido quando um zigoto duplica o número de cromossomos e depois não processa o restante da divisão celular. Isso pode ocorrer naturalmente ou pode ser induzido por substâncias, como a colchicina, que impede a formação das fibras do fuso.

Organismos poliploides (com mais de 2n cromossomos) são comuns entre as plantas. Muitas espécies de plantas que servem de alimento para os seres humanos são poliploides, como a banana (3n) e o trigo (6n). Entre os animais, a poliploidia é rara, mas ocorre em algumas espécies de peixes e de anfíbios e foi constatada em uma espécie de mamífero, o roedor *Tympanoctomys barrerae*.

As **aneuploidias** são alterações que provocam acréscimo ou perda de um ou mais cromossomos, sem envolver conjuntos cromossômicos completos. Geralmente as aneuploidias são causadas pela não disjunção dos cromossomos homólogos ou das cromátides-irmãs durante a meiose.

O roedor *Tympanoctomys barrerae* é um mamífero tetraploide (4n). Esse animal tem hábitos noturnos e vive em tocas.

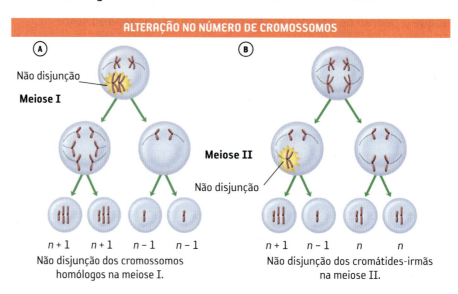

ALTERAÇÃO NO NÚMERO DE CROMOSSOMOS

Os gametas com números anormais de cromossomos podem ser resultantes da não disjunção tanto na meiose I (**A**) quanto na meiose II (**B**). (Imagens sem escala; cores-fantasia.)

Fonte: CAMPBELL, N. A. et al. *Biology*. 8. ed. San Francisco: Benjamin Cummings, 2008.

Diversas síndromes humanas geneticamente determinadas são causadas por aneuploidias. Entre elas as mais comuns são a síndrome de Down, a síndrome de Klinefelter e a síndrome de Turner.

- **Síndrome de Down**. É uma das aneuploidias mais comuns. Caracteriza-se pela presença de três cromossomos 21 e por isso é conhecida como **trissomia do 21**. As pessoas com essa síndrome têm olhos oblíquos, uma única linha na palma da mão, baixa estatura e face achatada. Além disso, são mais propensas a problemas cardíacos e neurológicos. No entanto, com os cuidados e estímulos adequados, ela podem ter uma vida ativa, estudar e trabalhar normalmente.
- **Síndrome de Klinefelter**. Ocorre na proporção de 1 para 1.000 nascimentos. As pessoas com essa aneuploidia são sempre do sexo masculino e apresentam em seu genótipo dois cromossomos X e um Y, ou seja, têm número de autossomos normal, porém três cromossomos sexuais, XXY. Os homens com a síndrome têm estatura alta, pequeno desenvolvimento dos órgãos genitais e são inférteis. Além de ter seios desenvolvidos, podem apresentar alguns problemas neurológicos.
- **Síndrome de Turner**. Manifesta-se na proporção de 1 para 5.000 nascimentos. As pessoas com essa aneuploidia são sempre do sexo feminino e apresentam em seu genótipo apenas um cromossomo sexual, o X, ou seja, têm número de autossomos normal, porém um único cromossomo sexual, XO. As mulheres com essa síndrome têm estatura baixa e o pescoço largo na região próxima aos ombros.

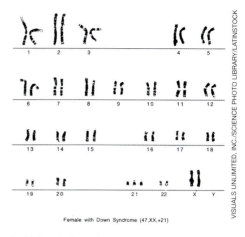

Cariótipo de indivíduo do sexo feminino com síndrome de Down.

Alterações estruturais

São alterações que afetam a estrutura e organização dos cromossomos. Quando ocorrem em células somáticas durante a mitose, podem dar origem a células cancerosas, formando tumores. Já quando ocorrem em células que originaram os gametas, as alterações podem ser transmitidas aos descendentes. Geralmente são de quatro tipos distintos: deleções, duplicações, inversões e translocações.

Nas **deleções** ocorre perda de um segmento do cromossomo. Esse tipo de alteração é potencialmente letal aos organismos. Em diversos tipos de células cancerosas humanas são encontrados cromossomos que sofreram deleções.

Nas **duplicações**, um trecho do DNA é duplicado, ocasionando a repetição de alguns genes. O olho em fenda em drosófilas, em vez do olho oval normal, deve-se à uma duplicação de um trecho do cromossomo X.

Nas **inversões** há duas quebras no cromossomo e o fragmento entre as quebras é reintroduzido invertido. Pode provocar problemas durante o pareamento dos cromossomos na meiose, produzindo muitos gametas inviáveis e levando à esterilidade.

As **translocações** ocorrem quando há trocas de segmentos entre cromossomos não homólogos. Essa alteração também pode levar à infertilidade, devido a problemas durante o pareamento dos cromossomos homólogos.

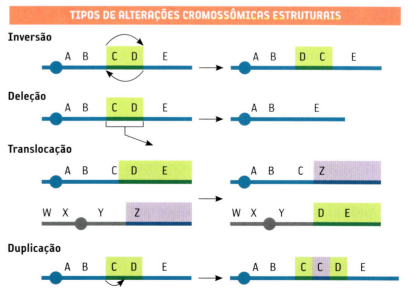

Fonte: LODISH, H. et al. *Molecular cell biology*. 4. ed. Nova York: W. H. Freeman, 2000.

ATIVIDADES

TEMAS 1 A 6

ORGANIZAR O CONHECIMENTO

1. Associe corretamente os termos às suas definições.
   A – Pré-formismo
   B – Pangênese
   C – Epigênese
   I. O desenvolvimento de um novo indivíduo se dá a partir de matéria não diferenciada.
   II. O novo indivíduo já está pré-formado dentro de um dos pais e só precisa se desenvolver.
   III. Cada órgão e estrutura de um indivíduo tem partículas que são reunidas no sêmen e transmitidas aos descendentes.

2. Complete o texto a seguir.
   Importantes fenômenos genéticos ocorrem nas células ao nível molecular: o DNA serve de ▬▬▬▬ e dá origem a uma molécula de RNA, pelo processo de ▬▬▬▬. Entre os RNA formados existe um tipo que serve de molde para a produção de proteínas, em processo chamado ▬▬▬▬.

3. Defina os termos a seguir.
   a) Códon
   b) Gene
   c) Genes alelos
   d) Anticódon
   e) Código genético

4. Considere as afirmações a seguir e identifique aquelas que resultam dos experimentos de Mendel.
   I. As características hereditárias são determinadas por fatores.
   II. Nas células somáticas há um par de fatores para cada característica, um herdado do pai e outro da mãe.
   III. Na meiose ocorre a separação dos alelos que condicionam cada característica.
   IV. Nos gametas há apenas um fator de cada par.
   V. Quando os fatores de um par são diferentes, apenas o dominante manifesta seu efeito.

5. Leia o texto a seguir e faça o que se pede.
   Um roedor com **pelagem marrom** pode ter constituição genética **CC** ou **Cc**. Já a **pelagem cinza** é característica da constituição **cc**.
   Relacione as expressões destacadas no texto com os conceitos listados a seguir.
   a) Fenótipo
   b) Genótipo
   c) Homozigoto
   d) Heterozigoto

6. Avalie as afirmações a seguir e indique qual (os quais) se relaciona(m) com a segunda lei de Mendel.
   I. Não é válida para genes que estão no mesmo cromossomo.
   II. Postula a segregação independente dos genes que condicionam características distintas.
   III. A segregação dos cromossomos homólogos na meiose não tem relação com a segunda lei de Mendel.

7. Sobre os tipos sanguíneos humanos, responda.
   a) Quais são os tipos sanguíneos do sistema ABO e seus respectivos genótipos?
   b) Entre quais tipos sanguíneos as transfusões são possíveis?

ANALISAR

8. A textura da semente da ervilha é determinada por um par de alelos: a forma lisa (*R*) é dominante em relação à rugosa (*r*). Quais são o fenótipo e o genótipo da planta que, por autofecundação, produz descendentes que formam 75% de sementes lisas e 25% de sementes rugosas?

9. Em uma espécie de pássaros há três fenótipos em relação à cor da plumagem, cuja determinação ocorre conforme o quadro abaixo.

Genótipo	Fenótipo
AA	Plumagem preta
AA$_1$	Plumagem cinza
A$_1$A$_1$	Plumagem branca

Qual cruzamento produziria pássaros pretos, cinzas e brancos, na proporção de 1 : 2 : 1?

10. Um homem do grupo sanguíneo AB é casado com uma mulher cujos avós paternos e maternos têm sangue tipo O. Quais os possíveis grupos sanguíneos dos filhos desse casal?

11. Observe a genealogia abaixo que representa os casos de daltonismo em uma família e responda.

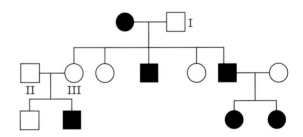

Lembrando que o alelo *D* condiciona a visão normal e o *d* condiciona o daltonismo, quais são os genótipos dos indivíduos I, II e III?

12. Um indivíduo de genótipo *MMPp* se reproduz por autofecundação. Qual o número de gametas produzidos por esse indivíduo e de genótipos diferentes na sua descendência?

TEMA 7

Teorias evolutivas

A diversificação e a adaptação das espécies ao ambiente ocorrem pelo processo de seleção natural.

Fixismo e transformismo

Embora a ideia de um mundo dinâmico não fosse estranha aos antigos gregos, até a metade do século XIX, a maioria das pessoas acreditava que todos os seres vivos existentes mantinham inalteradas as formas com as quais haviam surgido e que permaneceriam assim enquanto existissem. De acordo com essa ideia, que passou a ser conhecida como **fixismo**, as espécies eram imutáveis.

Em meados do século XVIII começou a ganhar força entre os cientistas uma visão em que a regra era a mudança em tudo o que existia, como os astros, o relevo e os seres vivos. Esse pensamento ficou conhecido como **transformismo** ou **evolucionismo**. De acordo com essas ideias, os seres vivos não são imutáveis; ao contrário, as espécies sofrem transformações ao longo do tempo. Desse modo, muitos dos seres conhecidos nem sempre existiram, outros nem sempre tiveram a mesma forma e muitos deixarão de existir.

Um dos primeiros a defender o transformismo foi o francês Georges-Louis Leclerc (1707-1788), conhecido como conde de Buffon. Ele acreditava que as espécies se modificavam, mas de maneira restrita, obedecendo ao que ele chamou de molde interno. Sua teoria continha ideias evolucionistas, mas esbarrou em diversas limitações em decorrência do escasso conhecimento sobre os seres vivos na época.

Georges-Louis Leclerc, o conde de Buffon, foi um dos primeiros a defender o transformismo, de acordo com o qual as espécies podiam variar ao longo do tempo.

A teoria de Lamarck

Aproximadamente cinquenta anos depois de Buffon, o naturalista francês Jean-Baptiste Pierre Antoine de Monet, conhecido por seu título de Cavaleiro de Lamarck (1744-1829), propôs uma nova teoria sobre as transformações das espécies biológicas, sustentando a ideia do evolucionismo.

De acordo com Lamarck, o processo evolutivo consistia em uma escalada de complexidade, ou seja, os seres vivos primitivos se transformariam gradualmente, ficando cada vez mais complexos ao longo do tempo. Lamarck também acreditava que alterações no ambiente em que uma espécie vivia modificariam as necessidades dos indivíduos, forçando-os a mudar seus hábitos na tentativa de sobreviver. Os organismos passariam, então, a usar mais certas partes do corpo em detrimento de outras. As partes mais usadas se desenvolveriam, enquanto as menos utilizadas atrofiariam. Essa premissa ficou conhecida como **lei do uso e do desuso**. Lamarck, assim como a maioria das pessoas da época, acreditava na herança das características adquiridas. Com base nessa premissa, as modificações de estruturas decorrentes do uso e do desuso poderiam ser passadas para as próximas gerações, estabelecendo a **lei da herança dos caracteres adquiridos**. Segundo a teoria de Lamarck, por exemplo, macacos de algumas espécies

Lamarck defendeu a teoria de que os organismos estão adaptados ao seu ambiente devido a um mecanismo de evolução.

79

Macaco-aranha (*Ateles geoffroyi*) pendurado pela cauda longa e forte. De acordo com a teoria de Lamarck, a cauda desenvolvida seria transmitida aos descendentes desse macaco.

Conhecimentos prévios

Conhecer a produção de outros pesquisadores é rotina no trabalho científico. Somar conhecimentos passados a novas ideias promove a evolução do pensamento, como no exemplo de Darwin e seus estudos sobre Malthus.

Retrato de Charles Darwin, em 1840, logo após seu retorno da viagem feita ao redor do mundo a bordo do navio *Beagle*.

teriam desenvolvido cauda longa e forte por exigência do ambiente, que os obrigava a se equilibrar em árvores para obter alimentos.

Na época, Lamarck não dispunha dos conhecimentos sobre hereditariedade. Com os conhecimentos atuais sobre herança das características, sabe-se que uma característica adquirida ao longo da vida de um ser vivo não é transmitida aos descendentes, a menos que seja decorrente de uma alteração genética nos gametas. A teoria de Lamarck contribuiu muito para a compreensão dos mecanismos evolutivos, ao chamar a atenção para o fato de os organismos estarem adaptados ao ambiente em que vivem e por ter proposto uma explicação de como essa adaptação ocorreu ao longo de sucessivas gerações.

A teoria de Darwin e Wallace

Em 1831, Charles Robert Darwin (1809-1882) embarcou no navio HMS *Beagle* como naturalista de bordo. Uma das missões da viagem era percorrer diversos locais do mundo, mapeando áreas desconhecidas. Darwin aproveitou a viagem para colher dados sobre a geologia e a biologia das regiões. Alguns fatos da viagem tiveram destaque:

- Na região da Patagônia (sul da América do Sul), Darwin encontrou fósseis de animais gigantes, como o da preguiça-gigante, o megatério, extinta há cerca de 11 mil anos. Comparando-os com animais atuais, Darwin notou muitas semelhanças, embora as preguiças viventes fossem menores.

- Na Cordilheira dos Andes, no Chile, Darwin encontrou diversos fósseis de animais marinhos nas montanhas. Ele imaginou que a única explicação possível para aquele fato era que, em um passado remoto, aquelas montanhas estiveram no fundo de um oceano.

- No arquipélago de Galápagos, no oceano Pacífico, Darwin observou que várias daquelas ilhas eram colonizadas por espécies distintas de pássaros tentilhões que exibiam bicos adaptados a diferentes hábitos alimentares. Como essas aves se assemelhavam muito com exemplares vistos na América do Sul, Darwin supôs que elas seriam descendentes de ancestrais sul-americanos que migraram e se diversificaram nas ilhas de Galápagos.

Essas observações, aliadas a outras evidências constatadas por Darwin, contradiziam a teoria aceita na época, de uma Terra imutável, habitada por seres vivos que nunca se modificam.

A leitura do livro *Ensaio sobre o princípio da população* (1798), de Thomas Malthus, também contribuiu para a elaboração da sua teoria. O livro tratava do grande crescimento da população humana em contraste com o lento crescimento da produção de alimento, sugerindo que haveria competição por alimentos e apenas os que tivessem acesso a eles sobreviveriam. Darwin inferiu que, se a espécie humana passa por uma seleção decorrente da escassez de alimento, as demais espécies de seres vivos também passariam. Surgia, assim, o conceito de **seleção natural**.

Em 1856, o naturalista inglês Alfred Russel Wallace (1823-1913) enviou a Darwin um manuscrito com a descrição do processo de seleção natural, pedindo-lhe que avaliasse suas ideias. Ao ler o manuscrito, Darwin concluiu que ele e Wallace haviam chegado de forma independente, às mesmas conclusões. Wallace concebera a teoria de evolução por seleção natural, também influenciado pela obra de Malthus e por evidências obtidas em suas viagens para a América do Sul e para o arquipélago Malaio, onde coletou plantas, insetos, aves e outros animais.

Wallace e Darwin apresentaram seus trabalhos sobre a teoria evolutiva com base na seleção natural em um encontro da Sociedade Lineana, em Londres, em 1858. O trabalho de Darwin foi publicado em 1859 como um livro, *A origem das espécies*.

A evolução por seleção natural

Segundo Darwin e Wallace, a diversificação das espécies e a adaptação delas ao ambiente ocorrem pelo processo de seleção natural que atua ao longo de várias gerações. Outro ponto importante da teoria é a ideia de ancestralidade, segundo a qual espécies semelhantes descendem de um ancestral comum. Partindo do mesmo ancestral, as espécies divergiram, acumulando características que as distinguem atualmente e as tornam adaptadas aos seus ambientes.

A teoria da seleção natural fundamenta-se em alguns fatos:
- Há uma variabilidade natural não apenas entre as espécies, mas também no interior da mesma espécie, e muitas dessas características diferentes são transmitidas para os descendentes.
- O crescimento das populações naturais é limitado pela falta de recursos, como abrigo e alimento.
- Apenas os indivíduos com características mais favoráveis terão acesso aos recursos e, portanto, terão mais chances de sobreviver e de reproduzir, transmitindo essas características aos descendentes.

Desse modo, ao longo da evolução, pela atuação da seleção natural, as espécies são representadas pelos organismos mais bem adaptados ao ambiente em que vivem.

Retomando o exemplo do macaco de cauda longa e forte, de acordo com a teoria da evolução por seleção natural, na população ancestral desses macacos, havia indivíduos com cauda de diversos comprimentos. Aqueles com cauda longa e forte conseguiam se sustentar melhor nas árvores para se alimentar e fugir de predadores e, portanto, tinham mais chance de se reproduzir. Ao longo das gerações, a característica cauda longa e forte foi selecionada, passando a predominar nas populações dessa espécie de macacos.

A teoria de Darwin e Wallace causou grande impacto na época, revolucionando a forma de entender a diversidade de seres vivos. No entanto, sofreu várias críticas, sendo a principal delas a falta de explicação para a origem da variabilidade existente nos organismos.

Neodarwinismo

A questão sobre a variabilidade entre os organismos só foi solucionada com a redescoberta dos trabalhos de genética de Mendel no início do século XX, quando também foi esclarecido o conceito de gene, os mecanismos a hereditariedade e a divisão celular. A partir daí, elucidou-se que as **mutações** e a **recombinação gênica** (*crossing-over*) são as principais fontes da variabilidade dos organismos, sobre a qual a seleção natural atua, promovendo a adaptação das espécies. A união das proposições de Darwin e Wallace aos conceitos de genética deu origem à **teoria sintética da evolução** ou **neodarwinismo**.

Retrato de Alfred Wallace. Ele esteve na Amazônia brasileira e depois passou oito anos no arquipélago Malaio, coletando dados que o levaram a propor a teoria da evolução por seleção natural.

Audiovisual

Teorias da evolução

TEMA 8

Seleção natural em ação

A seleção natural baseia-se no sucesso diferencial de sobrevivência e reprodução.

Resistência de bactérias a antibióticos

Muitas doenças infecciosas que afetam milhares de pessoas em todo mundo são causadas por bactérias. Desde 1950, a descoberta dos antibióticos, substâncias que matam as bactérias ou impedem sua proliferação, tem permitido tratar essas doenças que antes eram potencialmente fatais.

O uso cada vez mais frequente e indiscriminado de antibióticos está associado ao surgimento de bactérias resistentes a esses medicamentos. Essas bactérias, ou superbactérias, como são chamadas, são responsáveis pelas infecções hospitalares e resultam da ação da seleção natural. Na população de bactérias há, naturalmente, as que são resistentes aos antibióticos e as suscetíveis. Ao aplicar o antibiótico, as bactérias suscetíveis morrem ou não conseguem se reproduzir, ao passo que as resistentes continuam a se reproduzir transmitindo suas características genéticas aos descendentes. Ao longo de várias gerações, a população de bactérias será formada em sua maior parte por organismos resistentes, que não poderão ser controlados pelos antibióticos usuais.

Resistência de insetos a inseticidas

Assim como acontece com os antibióticos, os inseticidas utilizados indiscriminadamente em plantações selecionam os insetos resistentes. Em uma população de insetos, há aqueles com alelos que condicionam resistência aos inseticidas e aqueles com alelos que não lhes conferem resistência. A frequência de insetos resistentes é baixa na população. Porém, ao se modificar o ambiente aplicando o inseticida de forma recorrente, os insetos suscetíveis morrem, enquanto os indivíduos resistentes sobrevivem e se reproduzem. Ao longo das gerações, haverá aumento na frequência de insetos resistentes que não poderão mais ser controlados pelos inseticidas.

Pulverização de inseticida em plantação de feijão. (Guaíra, SP, 2013.)

82

AMBIENTE EM PAUTA

Alternativa para o controle de insetos em plantações

Atualmente o controle de insetos prejudiciais em plantações pode ser feito com diversas técnicas alternativas que diminuem e até eliminam o uso de inseticidas. Uma das técnicas é o controle biológico, que utiliza inimigos naturais para o combate dos insetos indesejados. Essa técnica consiste na introdução de organismos (como fungos, vírus ou mesmo outros insetos) que predam ou parasitam especificamente os insetos que causam problemas às plantações. Além de controlar as populações de insetos, essa técnica também evita a contaminação do solo, da água e dos alimentos pelos inseticidas.

A lagarta *Diatraea saccharalis* ataca plantações de cana-de-açúcar. Para o controle da lagarta, introduzem-se na plantação vespas da espécie *Cotesia flavipes* que depositam os seus ovos no corpo da lagarta. Quando os ovos eclodem, as larvas da vespa se alimentam da lagarta, matando-a.

Seleção sexual

Darwin identificou um tipo de seleção natural, chamada **seleção sexual**. Nesse tipo de seleção, os indivíduos com características que os tornam mais aptos a encontrar um parceiro sexual são selecionados positivamente.

Em muitas espécies de vertebrados, as fêmeas selecionam os machos com os quais vão se reproduzir. Alguns pesquisadores acreditam que a seleção se baseia em características que indicariam ausência de doenças e capacidade de obter alimento, como cor e exuberância da plumagem, por exemplo. Em outras espécies, ao contrário, os machos competem entre si, lutando fisicamente pelas fêmeas. Nesse caso, indivíduos mais fortes, ou com chifres ou garras maiores, têm vantagens sobre os adversários, conseguindo a parceira para a reprodução e garantindo a transmissão de seus genes.

Exemplos de seleção sexual. (**B**) Pássaro macho da espécie *Eurystomus glaucurus* se exibindo para a fêmea, que escolhe o parceiro para o acasalamento. (**A**) Machos de veado-vermelho (*Cervus elaphus*) lutando pelo domínio do grupo e das fêmeas.

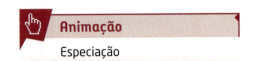
Animação

Especiação

Especiação

De acordo com o conceito biológico, uma espécie corresponde a um grupo de indivíduos que são capazes de, em condições naturais, cruzar entre si, produzindo descendentes férteis.

De forma geral, para que novas espécies se desenvolvam é preciso haver **isolamento geográfico** entre grupos da espécie original, impedindo o fluxo de genes entre eles. Esse isolamento pode ocorrer por migração de parte de uma população para locais diferentes e distantes ou pelo surgimento repentino de uma barreira geográfica intransponível, como um rio, um vale profundo ou uma montanha. Quando as condições ambientais dos dois lados da barreira são distintas, favorecem pressões de seleção natural diferentes em cada lugar. A ocorrência de mutações ao acaso e a atuação diferencial da seleção natural podem fazer com que se acumulem diferenças genéticas nos indivíduos das duas populações. Se, após certo tempo de isolamento geográfico, os descendentes dos grupos voltarem a se encontrar, pode não haver mais a possibilidade de reprodução entre eles. Isso caracteriza o **isolamento reprodutivo** e o surgimento de novas espécies. Dessa forma, dizemos que houve **especiação**, que é o processo de surgimento de novas espécies a partir de uma espécie ancestral.

Caso não haja isolamento reprodutivo, os dois grupos podem constituir variedades da mesma espécie.

Tipos de isolamento reprodutivo

O isolamento reprodutivo marca o surgimento de duas espécies diferentes e pode se dar por dois processos distintos: o isolamento reprodutivo pré-zigótico e o isolamento reprodutivo pós-zigótico.

O **isolamento reprodutivo pré-zigótico** ocorre antes da formação do zigoto e se manifesta quando o acasalamento é impedido por diferenças comportamentais, incompatibilidade morfológica entre os órgãos sexuais ou épocas de acasalamento diferentes, por exemplo.

O **isolamento reprodutivo pós-zigótico** ocorre depois da formação do zigoto. Há a formação de um indivíduo, mas ele pode ser inviável e morrer antes de nascer, ou ser estéril, não produzindo descendentes.

A mula é originada do cruzamento entre um jumento (*Equus asinus*) com uma égua (*Equus caballus*). Ela é um animal estéril, sendo um exemplo de isolamento reprodutivo pós-zigótico.

TEMA 9

Evidências da evolução

A ideia de evolução por seleção natural é amplamente aceita no meio científico atual.

A evolução acontece

Ao embarcar em sua viagem pelo mundo a bordo do navio *Beagle*, Darwin acreditava que as espécies eram imutáveis. As leituras, as observações, a coleta e organização de dados e informações fizeram com que o cientista repensasse sua própria opinião. As evidências o levaram a acreditar que a evolução ocorria por um processo de descendência com modificação. Muitos dos argumentos levantados por Darwin são utilizados até hoje para sustentar a teoria da evolução. As ideias centrais da teoria proposta por Darwin e Wallace foram ampliadas com a teoria sintética da evolução e resistiram aos testes realizados até o momento. Sendo assim, a ideia de evolução por seleção natural é amplamente aceita no meio científico.

Semelhanças entre os seres vivos

O olhar atento para os seres vivos permite obter evidências importantes e favoráveis à evolução. A homologia, a analogia, assim como a existência de fósseis, são algumas dessas evidências.

Estruturas homólogas

Uma observação cuidadosa em estruturas anatômicas externamente muito diferentes permite revelar a existência de várias estruturas semelhantes. Por exemplo, ao comparar a estrutura interna das patas de mamíferos terrestres, das nadadeiras de mamíferos aquáticos e das asas de morcegos, nota-se que elas são semelhantes. As patas, as nadadeiras e as asas desses animais são variações de um mesmo conjunto de ossos, que foram selecionadas ao longo de milhares de anos, sinalizando que eles tiveram um ancestral comum.

Essas estruturas com constituição semelhante se originaram das mesmas partes do embrião, ou seja, têm a mesma origem embriológica, e são chamadas de **estruturas homólogas**.

A presença de estruturas homólogas sugere que há parentesco genético entre os animais. Acredita-se que todos os mamíferos que conhecemos hoje derivaram de um ancestral comum, em um processo chamado **irradiação adaptativa** ou **divergência evolutiva**. Esse processo pode ocorrer por meio de sucessivas especiações e da adaptação das diversas espécies a diferentes condições ambientais.

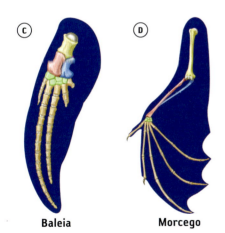

Representação esquemática de estruturas homólogas: ossos do braço de um ser humano, do membro dianteiro de um cavalo, da nadadeira de uma baleia e da asa de um morcego. (Imagens sem escala; cores-fantasia.)

Fonte: RAVEN, P. et al. *Biology*. 9. ed. New York: McGraw-Hill, 2011.

ESQUEMA DE ESTRUTURAS ANÁLOGAS

Golfinho

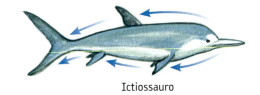
Ictiossauro

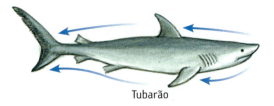
Tubarão

O formato hidrodinâmico do corpo de ictiossauro, tubarão e golfinho é um exemplo de analogia. (Imagens sem escala; cores-fantasia.)

Fonte: RAVEN, P. et al. *Biology*. 9. ed. New York: McGraw-Hill, 2011.

Estruturas análogas

As **estruturas análogas**, quando observadas superficialmente, são semelhantes na forma e na função, em diferentes espécies animais. Porém, quando analisadas do ponto de vista estrutural, se revelam muito diferentes e têm origem embriológica distinta. As estruturas análogas se desenvolvem pelo processo de **convergência evolutiva**, em que espécies pouco aparentadas vivem sob condições ambientais semelhantes que selecionam adaptações parecidas para os indivíduos.

Um exemplo de analogia é a semelhança no formato do corpo de ictiossauros (répteis marinhos extintos), tubarões (peixes cartilaginosos) e golfinhos (mamíferos). Esses organismos, mesmo não sendo aparentados, possuem corpo hidrodinâmico adaptado à vida no ambiente marinho.

Fósseis

O estudo dos fósseis também é fonte de fortes argumentos a favor da evolução. Os fósseis são restos ou vestígios de organismos que viveram na Terra no passado. Muitos seres vivos atuais são semelhantes a algumas espécies fósseis encontradas. Isso demonstra o parentesco evolutivo entre as espécies.

Apesar de serem abundantes em certas regiões, os fósseis geralmente são raros, pois são formados sob determinadas condições ambientais. Acredita-se que apenas uma pequena parte da biodiversidade que já existiu no planeta tenha deixado algum registro fóssil.

Alguns fósseis: (**A**) Fósseis de trilobita (*Ellipsocephalus genus*), um tipo de artrópode, com aproximadamente 35 mm de comprimento. (**B**) Impressão de uma folha de samambaia, que viveu provavelmente no período Cretáceo, há mais de 60 milhões de anos. (**C**) Fóssil de um plesiossauro, réptil marinho que viveu na era Mesozoica e tinha cerca de 13 m de comprimento.

Órgãos vestigiais

Os órgãos vestigiais são estruturas aparentemente desprovidas de função, mas que se assemelham a órgãos funcionais em outros animais. Um exemplo são os vestígios de membros encontrados nas serpentes atuais. De acordo com a teoria da evolução, as serpentes atuais descendem de animais que possuíam membros de diversos tamanhos. Ao longo das gerações, foram sendo selecionados os indivíduos com membros cada vez menores, até que os indivíduos com membros vestigiais passaram a predominar nas populações.

Variação geográfica

O estudo sobre a distribuição geográfica das espécies ao longo do tempo pode fornecer indícios importantes sobre a evolução. De forma geral, o padrão de distribuição geográfica das espécies pode ser explicado por uma sequência de eventos que incluem a origem, a dispersão e a modificação das espécies.

Um exemplo é a distribuição disjunta de um grupo de aves bastante aparentado, as ratitas (aves que não voam): o avestruz é encontrado na África; a ema vive na América do Sul; o emu e o casuar vivem na Austrália. Acredita-se que essas aves tenham um ancestral comum e que durante o processo de formação dos continentes, conhecido como deriva continental, a população dessa espécie ancestral tenha sido separada em diferentes grupos. Ao longo de milhares de anos, sofrendo diferentes pressões seletivas, as aves divergiram e se tornaram espécies distintas.

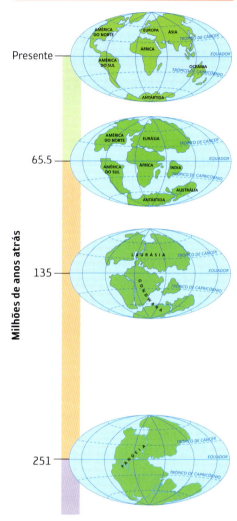

PROCESSO SIMPLIFICADO DA DERIVA CONTINENTAL

Ao longo de milhões de anos, pelo movimento das placas tectônicas, ocorreu a formação dos continentes.

Fonte: CAMPBELL, N. A. et al. *Biology*. 8. ed. San Francisco: Benjamin Cummings, 2008.

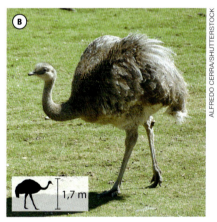

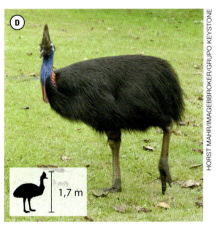

Algumas espécies de aves ratitas que descendem de um ancestral comum.
(**A**) Avestruz (*Struthio camelus*); (**B**) ema (*Rhea Americana*); (**C**) emu (*Dromaius novaehollandiae*) e (**D**) casuar (*Casuarius casuarius*).

ATIVIDADES

TEMAS 7 A 9

ORGANIZAR O CONHECIMENTO

1. **Preencha as lacunas do texto a seguir com os termos adequados.**
   Segundo o ▬▬▬, os organismos são imutáveis, as espécies que conhecemos hoje sempre tiveram a mesma forma e a manterão enquanto existirem. De acordo com o ▬▬▬, as espécies se modificam ao longo do tempo, e muitas espécies atuais surgiram há relativamente pouco tempo.

2. **Sobre a teoria proposta por Lamarck, faça o que se pede.**
   a) Responda: é uma teoria fixista ou evolucionista? Explique.
   b) Explique a Lei do uso e desuso.
   c) O que diz a Lei da herança dos caracteres adquiridos?
   d) Cite uma crítica à teoria de Lamarck.
   e) Cite uma contribuição dessa teoria.

3. **Analise as expressões a seguir e indique quais se relacionam corretamente com a teoria evolutiva proposta por Darwin e Wallace.**
   I. A teoria foi elaborada em um curto espaço de tempo e não envolveu observações nem coleta de dados.
   II. Em suas viagens, Wallace e Darwin coletaram dados e informações essenciais para a elaboração da teoria.
   III. Todas as vezes que o ambiente se altera e se torna desfavorável, os organismos reagem produzindo uma adaptação.
   IV. A seleção natural atua sobre a variedade existente entre os organismos, selecionando os mais adaptados ao ambiente.
   V. Há uma relação de parentesco entre as espécies, ou seja, elas derivam de um ancestral comum.
   VI. O neodarwinismo incorpora os conceitos de Genética e hereditariedade à teoria original da evolução.

4. **Coloque as afirmações a seguir na ordem cronológica em que os eventos devem acontecer para que ocorra especiação.**
   I. Um terremoto faz com que surja uma montanha separando a população de lagartos em duas.
   II. Quando os indivíduos das populações se encontram, ocorre a reprodução, mas os descendentes são todos estéreis.
   III. A população de uma espécie de lagarto vive em uma planície.
   IV. Ocorre acúmulo de diferenças entre as populações de cada lado da montanha, influenciado por pressões seletivas distintas.

5. **Relacione cada conceito à respectiva definição.**
   I. Estruturas homólogas   III. Convergência evolutiva
   II. Estruturas análogas   IV. Divergência evolutiva

   A. Processo em que espécies pouco aparentadas, vivendo sob as mesmas condições ambientais, apresentam estruturas semelhantes.
   B. Estruturas aparentemente semelhantes e com a mesma função, mas com origens embriológicas distintas.
   C. Estruturas aparentemente distintas, mas com constituição semelhante e mesma origem embriológica.
   D. Processo em que, a partir de um ancestral comum, ocorre a formação de outras espécies adaptadas às condições ambientais distintas.

ANALISAR

6. Explique o papel do ambiente para o lamarckismo e o darwinismo.
7. Observe a imagem a seguir e faça o que se pede.

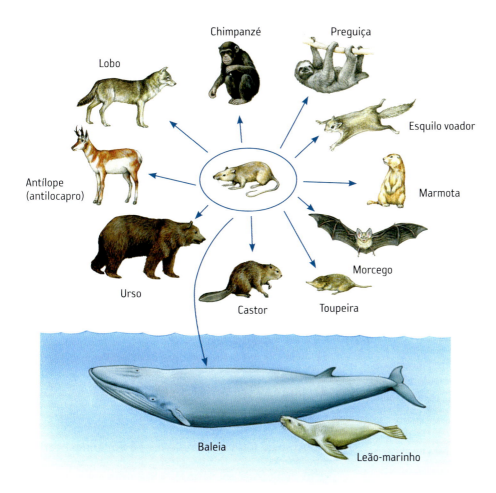

(Imagem sem escala; cores-fantasia.)

a) Qual é o nome do processo representado na imagem?
b) Darwin observou algum exemplo desse processo em sua viagem no *Beagle*? Qual?
c) Explique por que esse processo é um indício favorável à teoria da evolução de Darwin e Wallace.

8. Uma população de bactérias foi eliminada de forma eficiente com determinado antibiótico. Posteriormente, o antibiótico deixou de apresentar o efeito desejado, pois já não eliminava a população de bactérias. Foi o antibiótico que induziu a resistência das bactérias? Explique.

9. Pesquisadores encontraram duas populações de salamandras isoladas por um grande rio. Na população A, as salamandras eram pretas com manchas amarelas e na população B, pretas com manchas vermelhas. Alguns indivíduos de A e B foram levados para o laboratório e acasalaram entre si, produzindo descendentes. Depois de alguns meses, os pesquisadores promoveram o acasalamento entre os descendentes, que também produziu filhotes. As duas populações de salamandras pertencem ou não à mesma espécie? Justifique.

QUESTÕES DO ENEM E DE VESTIBULARES

1. **(UFMG)** A classe dos felinos – em que se incluem o gato doméstico, a jaguatirica, a onça e o leão – abriga espécies de diversos tamanhos e hábitos. O gato doméstico é usado como modelo em pesquisas que ajudam no estudo da biologia de felinos selvagens. Dois criadores de gatos possuem, em seus gatis, animais com pelos curtos e com pelos longos, mas a demanda por estes últimos cresceu. Assim, ambos os criadores deram início a estratégias de cruzamento com a intenção de aumentar o número de gatos com pelos longos nas ninhadas. Analise estes heredogramas, em que estão representados os cruzamentos nos dois gatis:

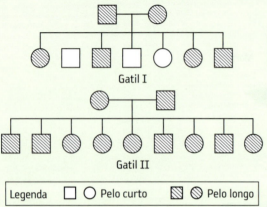

Com base nas informações contidas nesses heredogramas e em outros conhecimentos sobre o assunto, **formule** uma hipótese para explicar por que o criador do gatil **II** obteve maior proporção de filhotes com pelos longos.

2. **(Fuvest-SP)** O heredograma abaixo mostra homens afetados por uma doença causada por um gene mutado que está localizado no cromossomo X.

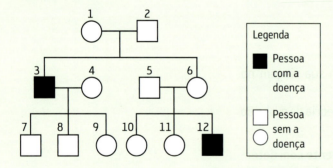

Considere as afirmações:

I. Os indivíduos **1**, **6** e **9** são certamente portadores do gene mutado.

II. Os indivíduos **9** e **10** têm a mesma probabilidade de ter herdado o gene mutado.

III. Os casais **3-4** e **5-6** têm a mesma probabilidade de ter criança afetada pela doença.

Está correto apenas o que se afirma em:

a) I
b) II
c) III
d) I e II
e) II e III

3. **(UEL-PR)** Em algumas modalidades esportivas, as equipes devem ser formadas apenas por atletas do mesmo sexo.

Sobre as características que determinam ou diferenciam o sexo, é correto afirmar:

a) O sexo masculino depende de um gene determinador do sexo localizado no cromossomo Y.
b) A progesterona atua no desenvolvimento de órgãos genitais típicos do sexo masculino.
c) Os núcleos das células feminina e masculina apresentam um mesmo conjunto cromossômico.
d) A testosterona é o principal hormônio sexual feminino produzido nas trompas.
e) As células masculinas apresentam cromatina sexual.

4. **(UFJF-MG)** A hemofilia é uma doença hereditária que causa problemas no processo de coagulação sanguínea nos indivíduos doentes. Um dos tipos mais graves de hemofilia, a hemofilia A, é condicionada por um alelo recessivo (*h*), localizado no cromossomo X.

a) Qual sexo você espera que seja mais afetado pela doença? Justifique a sua resposta.
b) Quais as chances de uma mulher normal, filha de pai hemofílico, casada com um homem normal, ter um filho do sexo masculino hemofílico?
c) Quais os possíveis genótipos da mãe da mulher citada no item b?
d) Qual é a lei de Mendel que explica o tipo de herança descrito acima?

5. **(Vunesp)**

O tuco-tuco (*Ctenomys brasiliensis*) é um animal curioso, que se pode, em linhas gerais, descrever como roedor com hábitos de toupeira. [...] São animais noturnos, e alimentam-se especialmente de raízes de plantas, o que explica os túneis longos e superficiais que cavam. [...] O homem que nos trouxe afirmou que muito comumente os tuco-tucos são encontrados cegos. O exemplar que eu conservava no álcool achava-se nesse estado. [...] Lamarck rejubilar-se-ia com este fato, se acaso o tivesse conhecido.

(Charles Darwin. *Diário das investigações sobre a História Natural e Geologia dos países visitados durante a viagem ao redor do mundo pelo navio de Sua Majestade "Beagle"*, sob o comando do Capt. Fitz Roy, R. A, 1871.)

Tuco-tuco brasileiro (*Ctenomys brasiliensis*), Blainville, 1826.

O texto foi escrito por Charles Darwin, em seu diário de bordo, em 26 de julho de 1832, à época com 23 anos de idade, quando de sua passagem pelo Brasil e Uruguai. Escrito antes que construísse sua Teoria da Evolução, o texto revela que Darwin conhecia a obra de Lamarck.

- Como Lamarck explicaria as observações de Darwin sobre o tuco-tuco brasileiro, e qual é a explicação apresentada pela Teoria da Evolução na Biologia moderna?

90

6. (Mackenzie-SP)

A respeito do fenômeno referido pela tirinha acima, são feitas as seguintes afirmações:

I. As adaptações apresentadas no primeiro quadrinho, presentes em pássaros e baratas, são convergências adaptativas.
II. As asas das aves e as asas das baratas são órgãos análogos.
III. A presença de órgãos análogos entre duas espécies indica parentesco evolutivo.

Assinale:
a) se somente a afirmativa II for correta.
b) se somente as afirmativas I e II forem corretas.
c) se somente as afirmativas II e III forem corretas.
d) se as afirmativas I, II e III forem corretas.
e) se somente a afirmativa I for correta.

7. (PUC-SP) Imagine que, em um dado mamífero, a cor da pelagem seja determinada por três alelos:
Alelo *P* – determina pelagem preta
Alelo *C* – determina pelagem cinza
Alelo *B* – determina pelagem branca

Considere que o alelo *P* é dominante sobre o *B* e que há dominância do alelo *C* sobre os alelos *P* e *B*. Em um experimento, envolvendo cinco cruzamentos, foram utilizados animais com os três tipos de pelagem. Os cruzamentos e seus resultados são apresentados na tabela abaixo.

Cruzamento	Macho × Fêmea	Descendentes
I	branco × branca	100% branco
II	branco × cinza	50% cinza e 50% branca
III	cinza × preta	100% cinza
IV	preto × preta	75% preto e 25% branco
V	preto × branca	100% preto

Se machos de pelagem cinza provenientes do cruzamento **II** forem acasalados com fêmeas de pelagem preta provenientes do cruzamento **V**, espera-se que entre os descendentes:

a) 50% tenham pelagem cinza e 50% branca.
b) 50% tenham pelagem cinza e 50% preta.
c) 75% tenham pelagem cinza e 25% branca.
d) 75% tenham pelagem cinza e 25% preta.
e) 25% tenham pelagem preta, 50% cinza e 25% branca.

Quadro-resumo

1. A Genética é o ramo da Biologia que estuda a hereditariedade, ou seja, os padrões pelos quais as características de uma espécie são transmitidas de uma geração a outra.

2. Os gametas contêm os cromossomos maternos e paternos, que são unidos no momento da fecundação. Nos cromossomos ficam as instruções para o funcionamento de cada célula e as informações hereditárias. Os cromossomos sexuais ou heterossomos variam entre os sexos; já os autossomos são cromossomos igualmente presentes em machos e fêmeas.

3. A transcrição gênica é o processo de formação de RNA a partir de uma molécula de DNA. A tradução gênica é o processo de formação de uma proteína a partir do RNAm.

4. O RNAm contém o códon e o RNAt, o anticódon. Na síntese de proteína, o RNAm se associa a um ribossomo. Os anticódons do RNAt se pareiam com os códons do RNAm, seguindo as regras de pareamento entre as bases nitrogenadas (A=T; C=G). Os aminoácidos justapostos se ligam por meio da ligação peptídica, liberando os RNAt. O ribossomo se desloca abrangendo outro códon, o RNAt traz um novo aminoácido, que se liga aos demais e assim, sucessivamente, até que o ribossomo chegue a um códon de parada.

5. Mendel fez diversos experimentos usando ervilhas-de-cheiro e reconheceu os padrões da hereditariedade. A primeira lei de Mendel afirma que cada característica é condicionada por um par de fatores que se segregam durante a formação dos gametas. A segunda lei de Mendel afirma que, durante a formação dos gametas, a segregação dos alelos de um gene ocorre de forma independente da segregação dos alelos de outros genes.

6. Um gene pode ocorrer, na população, em três ou mais formas alélicas. Esses casos são chamados de alelos múltiplos. Exemplos de alelos múltiplos: cor da pelagem de coelhos e grupos sanguíneos do sistema ABO.

7. A herança de algumas características pode ser influenciada pelo sexo do indivíduo. Nesses casos, os genes em questão estão nos cromossomos sexuais.

8. As espécies de seres vivos se modificam ao longo do tempo. Lamarck propôs que a evolução ocorre pela Lei do uso e do desuso e da herança dos caracteres adquiridos. Darwin e Wallace propuseram a evolução pela seleção natural.

9. De acordo com a teoria sintética da evolução ou neodarwinismo, as mutações e a recombinação gênica (crossing-over) são as principais fontes da variabilidade dos organismos.

10. Para haver especiação, ou seja, formação de uma nova espécie, é preciso haver isolamento reprodutivo entre os indivíduos. Esse isolamento geralmente acontece após o isolamento geográfico.

LER, COMPREENDER E ESCREVER

Como é criada uma nova raça de cachorro?

Muitas raças surgiram naturalmente, a partir da miscigenação de vários animais. Mas o homem também contribui com esse processo, realizando cruzamentos planejados e selecionando gerações e gerações de filhotes até chegar a novos cachorros. "Para criar uma raça, o interessado pesquisa as principais características de certos cães, escolhe os que melhor podem passar tais características para os filhotes e tenta o cruzamento. Isso não é fácil e requer muitos anos de estudo, pesquisa e experimentos", afirma a treinadora Sheila Niski, que trabalha num grande canil de São Paulo. Para desenvolver o boxer no século 19, por exemplo, foi usado um cão forte e com a mandíbula saliente, que tinha grande facilidade para abocanhar o focinho de outros animais. Por volta de 1830, criadores cruzaram essa raça com um buldogue inglês e os melhores filhotes, ou seja, os mais parecidos com o atual boxer, foram usados para dar continuidade ao desenvolvimento da nova raça. A interferência humana nas linhagens caninas não surgiu nos últimos séculos. "Há milhares de anos, os homens perceberam que os cães poderiam ser úteis no dia a dia, ajudando na caça e no pastoreio. Com o passar do tempo, passaram a selecionar os melhores animais para essas respectivas funções", diz Sheila.[...]

Criação brasileira

O fila brasileiro foi a primeira raça de cachorro do país reconhecida internacionalmente. É impossível precisar sua origem, mas estima-se que esse tipo de cão começou a surgir há cerca de 400 anos. Colonizadores europeus trouxeram para o Brasil raças como o *old english bulldog*, o *mastiff* inglês e *bloodhound*, que começaram a cruzar entre si. O fila apareceu dessa miscigenação, ocorrida principalmente no meio rural, onde o cachorro de grande porte era bem-vindo para guardar fazendas e manejar o gado.

Cão da raça fila brasileiro.

Feito para a guerra

O pastor-alemão surgiu no século 19, criado pelo oficial do Exército germânico Max von Stephanitz. Ele teria feito uma seleção das melhores crias de vários cães pastores da Alemanha — é possível até que alguns animais tenham sido fruto de cruzamentos entre cachorros e lobos. Os pastores-alemães ficaram famosos na Primeira Guerra (1914-1918), quando foram usados como mensageiros ou para farejar inimigos.

Grande mistura

O *doberman* ganhou esse nome do seu criador, o alemão Friedrich Louis Dobermann, um cobrador de impostos que trabalhava nas horas vagas recolhendo cachorros perdidos. A raça surgiu no final do século 19 a partir de seguidos cruzamentos misturando vários cachorros: pastor-alemão (de quem herdou o temperamento e inteligência), *pinscher* alemão (agilidade), *rottweiler* (força, coragem e guarda), *weimar pointer* (habilidade de caça), *greyhound* inglês (velocidade) e *manchester terrier* (pelagem curta).

Fonte do texto disponível em: <http://mundoestranho.abril.com.br/materia/como-e-criada-uma-nova-raca-de-cachorro>.
Acesso em: mar. 2014.

Cão da raça pastor-alemão.

Cão da raça *doberman*.

Atividades

Obter informações

1. Como o ser humano contribuiu para a formação das diversas raças de cachorro?
2. As raças de cães citadas no texto forma utilizadas para quais funções?

Interpretar

3. A seleção de novas raças de cachorros é um exemplo de seleção natural? Explique.

É hora de escrever

4. As pessoas têm selecionado artificialmente plantas e animais por milhares de anos. O milho e o trigo são exemplos de plantas que têm passado pela seleção artificial. Pesquise sobre o assunto e escreva um texto sobre a importância da seleção artificial para os seres humanos e como os avanços no conhecimento sobre os mecanismos da hereditariedade auxiliam nesse processo.

UNIDADE 3
ECOLOGIA

POR QUE ESTUDAR ESTA UNIDADE?

Embora a preservação da natureza seja essencial para suprir as necessidades de qualquer ser vivo, as sociedades humanas têm causado impactos profundos ao meio ambiente. A Ecologia é a área da ciência que estuda o funcionamento dos ecossistemas. Conhecê-los é o primeiro passo para compreender os efeitos da ação humana sobre o meio ambiente e planejar ações para que os ecossistemas sejam preservados.

Pescador no rio Arapiuns, na Comunidade de Urucureá, em Santarém, Pará.

TEMA 1

O que é Ecologia

A Ecologia estuda as relações dos seres vivos entre si e com o ambiente em que vivem.

O surgimento da Ecologia

Embora o interesse dos seres humanos pelas relações entre os seres vivos e o meio ambiente seja antigo, o termo **Ecologia** foi utilizado pela primeira vez pelo naturalista alemão Ernst Haeckel (1834-1919) em 1870. Ecologia deriva das palavras gregas *oikos*, "casa", e *logos*, "estudo".

Partindo do princípio de que "o conhecimento biológico nunca é completo quando o organismo é estudado isoladamente", Haeckel lançou a base de uma nova ciência, que estuda as relações dos seres vivos entre si e com o ambiente em que vivem.

A Ecologia como ciência

Para desenvolver seus estudos sobre Ecologia, é necessário que os cientistas conheçam os seres vivos e também os elementos físicos do ambiente, como a água, o solo, o ar e a luz. As interações dos seres vivos entre si e com o meio também são estudadas por essa área da ciência.

Os conhecimentos de Ecologia ajudam a conhecer o impacto ambiental das ações humanas e a pensar meios para minimizá-lo.

A valorização da Ecologia

Hoje em dia, a questão ambiental faz parte da vida cotidiana de muitas pessoas e tem gerado amplos debates na sociedade. Mas nem sempre foi assim.

O tema ganhou força nos anos 1960 e 1970, quando o crescimento populacional e a degradação do meio ambiente começaram a despertar uma nova consciência em todo o planeta.

Saiba mais!

ECÓLOGOS E ECOLOGISTAS

O profissional qualificado e que se dedica ao estudo da Ecologia é o ecólogo. Dentre suas diversas funções, ele estuda o meio ambiente com o objetivo de avaliar riscos e impactos ambientais causados pelas ações humanas, além de buscar soluções para atenuá-los. O ecologista, por sua vez, é um cidadão não especialista, preocupado com o meio ambiente e que luta por sua preservação.

Ecologistas em passeata contra a utilização de animais em laboratórios de pesquisa. (São Paulo, 2012.)

Entrando na rede

Nos endereços da internet <www.tvcultura.cmais.com.br/reportereco> e <www.redeglobo.globo.com/globoecologia> você encontra vídeos e textos sobre diversos temas relacionados à Ecologia.

Acesso em: maio 2014.

Pesquisadora gravando os sons dos pássaros no Parque Nacional do Itatiaia, localizado entre as cidades do Rio de Janeiro e de São Paulo, para posterior análise e estudo das aves da região. (São Paulo, 2009.)

TEMA 2

A organização dos sistemas ecológicos

Há diferentes níveis de organização dos sistemas ecológicos, desde os organismos até a biosfera.

Os níveis de organização dos sistemas ecológicos

As relações entre os seres vivos e o ambiente são mais facilmente compreendidas com base na classificação dos sistemas ecológicos em diferentes níveis de organização, de acordo com sua complexidade.

- **Organismo.** Cada ser vivo é um organismo e pertence a uma determinada espécie. Dois organismos são considerados da mesma espécie quando são capazes de se reproduzir e gerar descendentes férteis.
- **População.** Conjunto de organismos de uma mesma espécie que estabelecem relações entre si e vivem em uma mesma área geográfica.
- **Comunidade ecológica.** Também denominada biota ou biocenose, é constituída por populações de espécies distintas que vivem em um mesmo local e interagem umas com as outras.
- **Ecossistema.** Conjunto das comunidades ecológicas e dos componentes não vivos de um ambiente. No ecossistema, as comunidades interagem entre si e com os elementos não vivos.
- **Biosfera.** Nível mais abrangente, constituído por todos os ecossistemas do planeta.

Como se pode perceber, cada nível de organização faz parte de outro mais abrangente. Os organismos da mesma espécie compõem uma população; as diversas populações relacionam-se na comunidade ecológica; as comunidades, por sua vez, interagem entre si e com o ambiente nos ecossistemas. O conjunto de ecossistemas do planeta Terra corresponde à biosfera.

HIERARQUIA DOS NÍVEIS DE ORGANIZAÇÃO DOS SISTEMAS ECOLÓGICOS

Biosfera

Ecossistema

Comunidade

População

Organismo

(Imagens sem escala; cores-fantasia.)

As interações entre os ecossistemas

Mesmo ecossistemas aparentemente muito distantes estão ligados por diversos fatores, como o movimento contínuo de substâncias transportadas pela água e pelo ar, a dispersão de sementes dos vegetais e a migração de animais.

Os pinguins-de-magalhães, por exemplo, vivem na costa do Chile, da Argentina e das Ilhas Malvinas. Entre os meses de setembro e abril, formam imensas colônias reprodutivas compostas de casais, que incubam os ovos e alimentam os filhotes. Com a chegada do inverno, os pinguins jovens migram para o litoral brasileiro em busca de alimento. Alterações na disponibilidade de alimento ou de espaço nos locais onde os pinguins formam colônias podem afetar o número de indivíduos que migram para a costa brasileira. Sendo assim, a preservação do litoral brasileiro é fundamental para a continuidade da espécie em seu ambiente original.

Hábitat

O ambiente em que determinada espécie vive é considerado seu **hábitat**.

As espécies possuem características próprias que lhes permitem viver em interação com as populações e o ambiente físico característico de seu hábitat. Algumas espécies podem ter ampla distribuição; outras, que sobrevivem e se reproduzem apenas em condições específicas, têm distribuição mais restrita.

Nicho ecológico

O nicho ecológico de uma espécie pode ser comparado a seu papel no ecossistema. O nicho ecológico é determinado pelo modo de vida e pelas condições necessárias à sobrevivência da espécie. Inclui, por exemplo, o tipo de alimentação, os predadores naturais, os locais onde se abrigam, entre outros fatores.

Em um hábitat, duas espécies que ocupam o mesmo nicho ecológico competem por recursos. Ao longo do tempo, essa competição pode ocasionar a extinção ou a migração de uma delas. Assim, para que as espécies convivam harmoniosamente em um mesmo hábitat, elas devem ter nichos ecológicos distintos.

Os pinguins-de-magalhães (*Spheniscus magellanicus*) deixam as colônias reprodutivas em abril, migram para o litoral brasileiro em busca de alimento e voltam para as colônias em setembro.

Talha-mar. Ao voar rente à água, captura pequenos peixes próximos à superfície.

Flamingo. Filtra pequenos organismos, como algas, moluscos e crustáceos.

Pato. Consome pequenos animais do fundo e plantas aquáticas.

Garça. Alimenta-se principalmente de peixes.

(Imagem sem escala; cores-fantasia.)

Entrando na rede

No endereço da internet <www.icmbio.gov.br/portal/biodiversidade/fauna-brasileira> você encontra um mapa interativo com a distribuição de diversas espécies de animais que habitam o território brasileiro.

Acesso em: maio 2014.

TEMA 3

Componentes dos ecossistemas

Os ecossistemas são espaços de interação entre componentes bióticos e abióticos.

Os ecossistemas

Em 1935, o ecólogo inglês Arthur George Tansley (1871-1955) usou o termo ecossistema para descrever uma área em que os organismos vivos e os não vivos interagem uns com os outros.

Os ecossistemas podem ter diferentes dimensões, desde uma pequena poça de água até um lago ou mesmo uma grande floresta.

Os ecossistemas naturais podem ser terrestres ou aquáticos, de acordo com o meio predominante. Os ecossistemas manejados pelo ser humano podem ser, segundo o grau de interferência, seminaturais (ou seja, alterados, mas ainda com elementos nativos) ou urbanos (com baixa presença de componentes naturais).

Componentes bióticos e abióticos dos ecossistemas

Os ecossistemas são constituídos por componentes bióticos e abióticos.

Os **componentes bióticos** são todos os seres vivos. Já os **componentes abióticos** são os fatores físicos e geoquímicos do ambiente, tais como a temperatura, a radiação solar, a água, os gases atmosféricos, o solo e as rochas.

Em um ecossistema, os componentes bióticos interagem entre si e também com os componentes abióticos.

COMPONENTES DE UM ECOSSISTEMA

(Imagens sem escala; cores-fantasia.)

98

Fatores que influenciam o ecossistema

Alguns fatores abióticos são responsáveis pela distribuição dos seres vivos no planeta e, portanto, pela composição dos ecossistemas.

- **Radiação solar.** A quantidade de luz determina o aquecimento do solo e da atmosfera. A radiação solar que atinge a Terra não é igual em todas as latitudes. Quanto mais nos afastamos da linha do Equador, menor a quantidade de radiação solar por unidade de área.
- **Massas de ar.** Deslocam-se continuamente pela superfície da Terra. Possuem características próprias de pressão, temperatura e umidade, de acordo com seu local de origem.
- **Correntes oceânicas.** Ao se deslocarem, as massas de água fazem circular nutrientes e amenizam as temperaturas de locais próximos ao litoral.
- **Solo.** Características como a composição e a capacidade de retenção de água alteram os tipos de organismos que nele vivem.
- **Relevo.** Pode dificultar ou facilitar a circulação das massas de ar, exercendo influência sobre a temperatura e a pluviosidade.

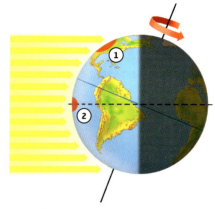

Em razão da forma e da inclinação do globo terrestre, uma mesma quantidade de raios solares ilumina áreas cada vez maiores à medida que nos aproximamos dos polos. Compare as regiões 1 e 2 apontadas no globo. (Imagem sem escala; cores-fantasia.)

GLOSSÁRIO

Pluviosidade: quantidade de chuva que ocorre em um local em determinado intervalo de tempo.

SAÚDE EM PAUTA

Você é um ecossistema

O corpo humano abriga diversos seres vivos, incluindo muitas bactérias. Levando em consideração apenas as bactérias, estima-se que existam 10 delas para cada célula de nosso organismo. Elas estão presentes em regiões como a pele, a cavidade oral, as orelhas, as vias respiratórias, os órgãos genitais e o sistema digestório, de acordo com o hábitat que ofereça melhores condições para sua sobrevivência. A maioria dessas bactérias contribui para o bom funcionamento de nosso corpo, além de impedir o estabelecimento de espécies nocivas. Outras podem causar enfermidades.

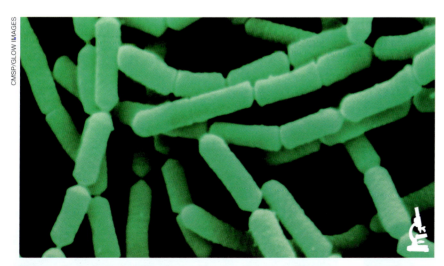

Micrografia de *Lactobacillus rhamnosus*, bactérias benéficas ao trato intestinal humano. (Imagem obtida com microscópio eletrônico, colorizada artificialmente e com aumento de cerca de 12.000 vezes.)

Saiba mais!

DIVERSIDADE BIOLÓGICA

O termo diversidade biológica, ou biodiversidade, define a variedade de organismos presentes nos ecossistemas terrestres ou aquáticos, e no conjunto do qual esses ecossistemas fazem parte.

A preservação da biodiversidade é fundamental para a conservação do meio ambiente como um todo. A vegetação, por exemplo, interfere na qualidade do ar, protege o solo e as nascentes de rios e fornece alimento e abrigo aos animais. Como os vegetais, os demais seres vivos são importantes para manter o equilíbrio dos ecossistemas.

Além disso, a biodiversidade permite aos seres humanos a obtenção de alimentos e a produção de medicamentos, cosméticos, produtos de higiene, vestimentas e muitos outros.

ATIVIDADES

TEMAS 1 A 3

ORGANIZAR O CONHECIMENTO

1. Por que a Ecologia está atualmente em destaque? Qual é a importância dos estudos ecológicos?

2. Observe a paisagem abaixo.

   a) Por que é possível afirmar que essa paisagem é um ecossistema?
   b) Identifique pelo menos três componentes abióticos desse ecossistema.
   c) Quantas populações de animais há na imagem?
   d) Quantas comunidades ecológicas aparecem na imagem?

3. Explique por que em um único hábitat pode existir uma grande variedade de nichos ecológicos.

ANALISAR

4. Sua casa também é um ecossistema. Analise-a e liste, no mínimo, quatro componentes bióticos e quatro abióticos presentes nela.

5. Quais são os fatores abióticos que podem afetar negativamente o hábitat em que você vive? Caracterize-os.

6. Observe as paisagens abaixo.
   Em qual desses dois ecossistemas deve haver maior biodiversidade? Justifique sua resposta.

Vista aérea de trecho da floresta amazônica.

Vista aérea de trecho do Parque Nacional da Califórnia.

7. Há quem pense que os acontecimentos vividos em um ecossistema como o das cidades são independentes de sistemas ecológicos distantes. Você concorda com essa afirmação? Justifique sua resposta.

8. Observe o mapa a seguir.
   a) Compare o hábitat de cada um dos dois animais das fotografias.
   b) Faça uma pesquisa na internet sobre a suçuarana e o joão-chique-chique. Construa hipóteses para justificar a diferença entre a distribuição geográfica dessas duas espécies. Em seguida, apresente-as a seus colegas e assista à apresentação das hipóteses elaboradas por eles.

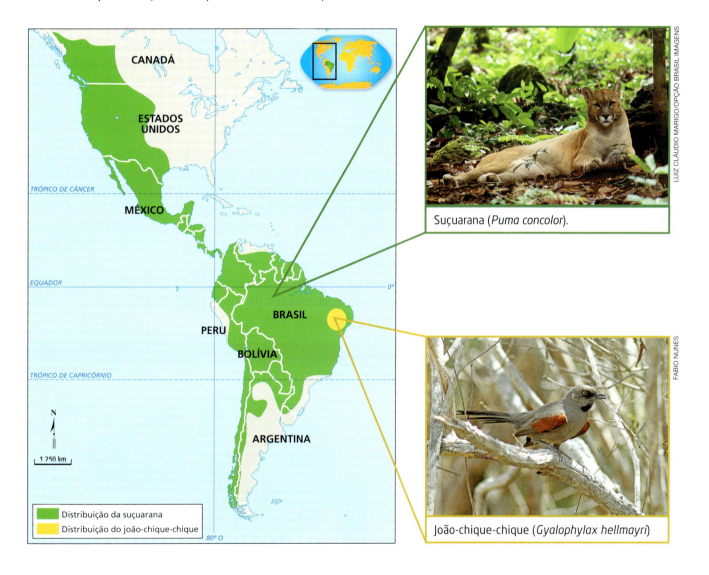

Suçuarana (*Puma concolor*).

João-chique-chique (*Gyalophylax hellmayri*)

COMPARTILHAR

9. Em grupo, observem um jardim ou um parque próximo de sua escola ou de suas casas e registrem, por meio de imagens, vídeo ou fotografia, interações entre os seres vivos e entre eles e os componentes abióticos. Em seguida, publiquem as imagens ou filmes no *blog* da classe ou em outro local determinado pelo professor. Os materiais devem ser acompanhados de textos explicativos sobre as interações observadas.

TEMA 4

Cadeias e teias alimentares

Nos ecossistemas, as relações alimentares entre os seres vivos compõem cadeias e teias alimentares.

Cadeias alimentares

Todos os seres vivos dependem da energia contida nos nutrientes, que estão constantemente transitando entre os componentes bióticos do ecossistema. Essas relações entre os organismos para a obtenção de energia por meio dos alimentos constituem as **cadeias alimentares**, formadas por níveis tróficos ou alimentares. Elas são compostas de organismos produtores, consumidores e decompositores.

Produtores

São os seres vivos que utilizam energia luminosa ou química para produzir compostos orgânicos. A maior parte dos produtores, como plantas, algas e algumas bactérias, realiza a fotossíntese, processo em que a energia luminosa, proveniente do Sol, é utilizada na produção de substâncias, nas quais fica armazenada como energia química. Essa energia permanece disponível para os organismos produtores e pode ser transferida aos demais integrantes da cadeia alimentar.

Por serem capazes de produzir seu próprio alimento, os organismos produtores são chamados de **autótrofos** e constituem o primeiro nível trófico da cadeia alimentar.

FOTOSSÍNTESE

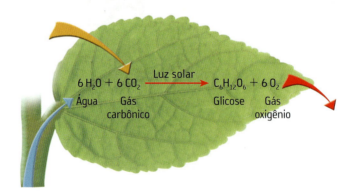

$$6\,H_2O + 6\,CO_2 \xrightarrow{\text{Luz solar}} C_6H_{12}O_6 + 6\,O_2$$

Água — Gás carbônico — Glicose — Gás oxigênio

Na fotossíntese, a água e o gás carbônico, na presença da luz solar e com a ajuda da clorofila, reagem, produzindo glicose e gás oxigênio. (Imagem sem escala; cores-fantasia.)

Consumidores

Os organismos que obtêm energia alimentando-se de outros organismos são chamados de consumidores. Por dependerem de outros seres vivos para obter energia, são denominados **heterótrofos**. Eles podem ser classificados da seguinte maneira:

- **Consumidores primários ou de primeira ordem.** São organismos que se alimentam diretamente dos produtores. Constituem o segundo nível trófico da cadeia alimentar.

- **Consumidores secundários ou de segunda ordem.** São organismos que se alimentam dos consumidores primários. Constituem o terceiro nível trófico.
- **Consumidores terciários ou de terceira ordem.** São organismos que se alimentam dos consumidores secundários. Os consumidores terciários constituem o quarto nível trófico.

Decompositores

No último nível trófico, estão os chamados decompositores. Eles são formados por fungos e bactérias que decompõem a matéria orgânica (organismos mortos, folhas, frutos, galhos) para obter nutrientes e energia. Eles também aproveitam as substâncias das excreções de outros organismos.

A decomposição permite a reciclagem dos elementos químicos, pois faz com que eles retornem ao ambiente e fiquem disponíveis para outros seres vivos.

Fungo (*Pholiota aurivella*) decompondo parte do tronco de uma árvore morta.

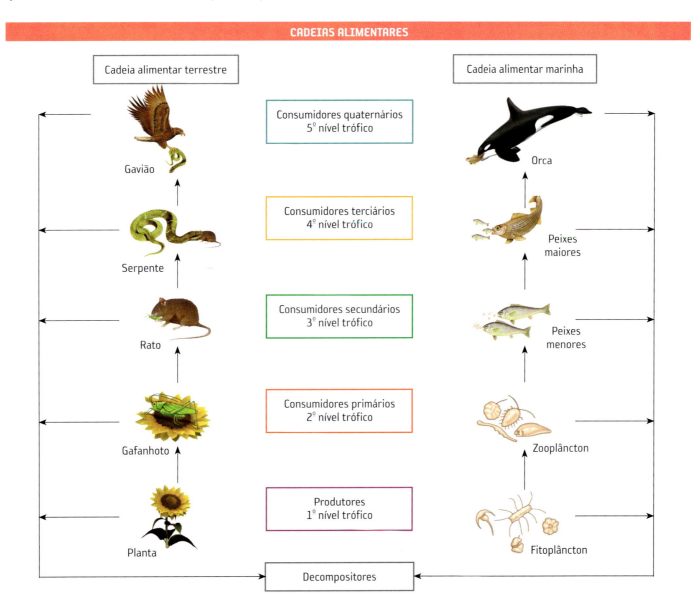

Cada elo da cadeia alimentar representa um nível trófico. O primeiro nível trófico das cadeias alimentares sempre é ocupado por um organismo produtor (autótrofo). Os níveis seguintes são ocupados por consumidores. Todos os seres vivos da cadeia alimentar sofrem ação de decompositores. (Imagens sem escala; cores-fantasia.)

103

Teias alimentares

Em um ecossistema, um mesmo organismo pode participar de diversas cadeias alimentares e ocupar diferentes níveis tróficos.

As relações alimentares entre os diversos organismos de um ecossistema são representadas pelas **teias alimentares**, que são formadas pelo conjunto de diversas cadeias alimentares interligadas.

As teias alimentares correspondem à interligação de várias cadeias alimentares. Na teia ao lado, o quati, por exemplo, pode ser um consumidor primário ou secundário, dependendo da cadeia analisada. Os decompositores não estão representados. (Imagens sem escala; cores-fantasia.)

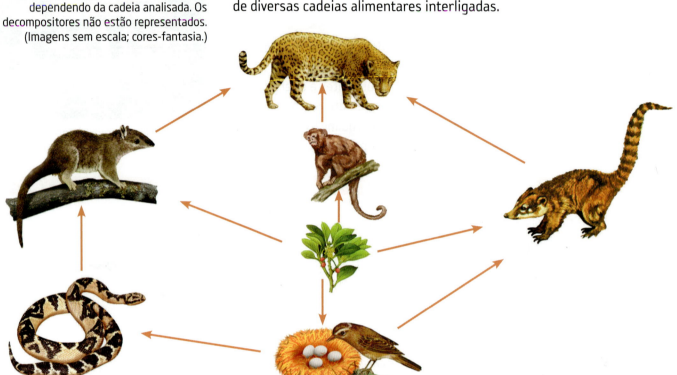

Fonte: ODUM, E. P. *Ecologia*. Rio de Janeiro: Guanabara Koogan, 1988.

Saiba mais!

PLÂNCTON

Base das cadeias alimentares aquáticas, o plâncton é formado por uma enorme diversidade de organismos, a maioria deles invisível a olho nu, que vivem dispersos na coluna d'água. Alguns deles, como as microalgas, são capazes de realizar fotossíntese: são os produtores dos ecossistemas aquáticos e constituem o fitoplâncton. Por necessitarem da luz do Sol, são encontrados, principalmente, nas regiões menos profundas e mais iluminadas. Além de servir de alimento para várias espécies aquáticas, o fitoplâncton é responsável pela produção de grande parte do gás oxigênio atmosférico.

A porção do plâncton que não realiza fotossíntese e se alimenta do fitoplâncton é conhecida como zooplâncton, composto de pequenos crustáceos, moluscos e larvas de peixes, entre outros.

Micrografia mostrando organismos que fazem parte do plâncton. (Imagem obtida com microscópio óptico e com aumento de cerca de 900 vezes.)

Ameaças às teias alimentares

Nos ecossistemas em equilíbrio, a diminuição de uma população pela ação humana pode afetar as teias alimentares e levar à perda da biodiversidade. Essa redução pode acontecer, por exemplo, devido à destruição dos hábitats, à caça e à pesca predatórias.

Nos anos 1990, a caça predatória por parte dos "coureiros" fez com que a população de jacarés do pantanal diminuísse. Tempos depois, diversas espécies de peixes desapareceram de alguns rios da região. Isso foi explicado pela diminuição da população de jacarés: cresceu o número de piranhas, das quais eles se alimentam. As piranhas, que são carnívoras, provocaram a diminuição da diversidade de peixes.

Ao longo da história, os seres humanos introduziram diversas espécies em ambientes nos quais elas não existiam naturalmente. Elas são chamadas de **espécies exóticas** e, quando prejudicam os ecossistemas, são consideradas **invasoras**. As espécies invasoras podem ser predadoras de espécies nativas ou mesmo competir com elas por alimentos e espaço, ameaçando-as de extinção.

Nos anos 1950, lagartos teiús foram levados para Fernando de Noronha para ajudar a combater os ratos e sapos que infestavam a ilha. A estratégia não deu certo, pois os teiús são ativos durante o dia, e os sapos e ratos têm hábitos noturnos. Os teiús passaram a comer ovos e filhotes de aves e tartarugas e, ainda hoje, representam um problema para o ecossistema de Fernando de Noronha.

> **GLOSSÁRIO**
>
> **Coureiros:** aqueles que praticam a caça ilegal aos jacarés com a finalidade de extrair o couro do animal.

> **Entrando na rede**
>
> No endereço da internet <http://cienciahoje.uol.com.br/categorias?listasubject=Esp%C3%A9cies%20invasoras> você encontra informações sobre espécies exóticas e invasoras.
>
> **Acesso em:** maio 2014.

Os teiús, lagartos do gênero *Tupinambis*, levados para a ilha de Fernando de Noronha transformaram-se em espécies invasoras, ameaçando as populações de algumas espécies nativas.

TEMA 5
Fluxo de energia nos ecossistemas

A energia proveniente da radiação solar é absorvida pelos produtores e é transferida ao longo das cadeias alimentares na forma de energia química.

A transferência de energia na cadeia alimentar

As plantas e outros seres vivos que fazem fotossíntese absorvem cerca de 10% da energia solar que chega à superfície da Terra. Essa energia luminosa transforma-se em energia química e fica armazenada em substâncias presentes nos seres produtores. A fotossíntese é, portanto, a principal forma de entrada da energia em um ecossistema.

As substâncias que compõem o organismo de um vegetal servem como fonte de energia para um consumidor primário. O mesmo acontece quando o consumidor primário serve de alimento a um consumidor secundário, e assim por diante.

A energia é transferida ao longo da cadeia alimentar desde os produtores até os decompositores. Portanto, o fluxo de energia nas cadeias alimentares é **unidirecional**.

Animação
Fluxo de energia na cadeia alimentar

Uso e perda de energia pelos seres vivos

Uma parte da energia consumida pelos seres vivos é gasta no funcionamento de seu organismo. Ela é empregada, por exemplo, na construção e regeneração de tecidos, na locomoção e na reprodução. Outra parte da energia é perdida para o ambiente na forma de calor e na formação das fezes. Essas parcelas de energia não são transferidas ao nível trófico seguinte.

Por esse motivo, a energia existente em um nível trófico é sempre maior do que aquela disponível para o nível trófico seguinte.

Considera-se que um organismo passa para o elo seguinte da cadeia alimentar, em média, cerca de 10% da energia que absorve.

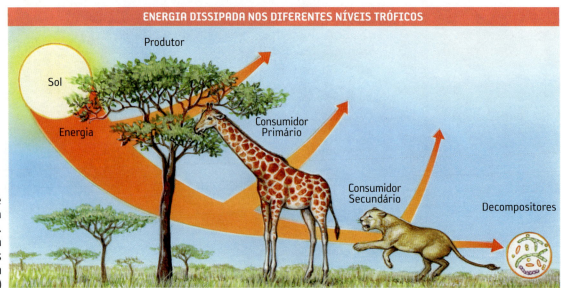

Parte da energia é dissipada ao longo da cadeia alimentar. Os decompositores agem sobre todos os níveis tróficos. (Imagem sem escala; cores-fantasia.)

Pirâmides ecológicas

O fluxo de energia pelos diferentes níveis tróficos de uma cadeia alimentar também pode ser representado na forma de **pirâmides ecológicas**. Elas podem ser de três tipos: pirâmide de energia, de números e de biomassa.

Pirâmide de energia

As pirâmides de energia representam a quantidade de energia química disponível em cada nível trófico de uma cadeia alimentar. O primeiro degrau representa a energia contida nos organismos produtores, o segundo indica a energia contida nos consumidores primários, e assim por diante.

Cada degrau sempre é mais largo do que o superior, pois a quantidade de energia associada a um nível trófico sempre se reduz na passagem ao nível seguinte. Portanto, uma pirâmide de energia nunca pode ser invertida.

Tartaruga-verde (*Chelonia mydas*) alimentando-se de algas. A energia é transferida das algas para a tartaruga-verde.

Em uma pirâmide de energia a quantidade de energia de um nível trófico é sempre maior do que a quantidade do nível seguinte.

Pirâmide de números

Neste tipo de pirâmide, os degraus representam o número de indivíduos em cada nível trófico da cadeia. Na maioria dos casos, o número diminui conforme se afasta da base da pirâmide, ou seja, a quantidade de indivíduos produtores é maior do que a de consumidores primários que, por sua vez, supera a de consumidores secundários, e assim por diante.

Esse padrão pode se modificar quando os produtores são árvores de grande porte: em uma única árvore podem viver muitos insetos. O mesmo acontece na relação parasita-hospedeiro: um único boi pode ser hospedeiro de vários carrapatos. Ou, ainda, quando uma praga infesta uma plantação: o número de lagartas, por exemplo, supera o de pés de milho.

(Imagens sem escala; cores-fantasia.)

107

Pirâmide de biomassa

A biomassa é a quantidade de matéria viva contida em um nível trófico ou no ecossistema como um todo.

Geralmente, as pirâmides de biomassa têm a base mais larga e os níveis superiores progressivamente menores. No entanto, quando os produtores têm pouca biomassa, como o fitoplâncton, mas crescem e se reproduzem muito rapidamente, os níveis tróficos iniciais das pirâmides de biomassa ficam invertidos.

TECNOLOGIA EM PAUTA

A energia na agricultura

Os sistemas agrícolas criados pelos seres humanos são ecossistemas onde foram introduzidas atividades produtivas.

Como em todos os ecossistemas, parte da energia contida nas espécies cultivadas não é transferida aos consumidores primários. Mas, diferentemente do que ocorre em outros ecossistemas, a agricultura busca elevar a produtividade, ou seja, aumentar a quantidade de alimentos produzidos em uma área, reduzindo o tempo de produção.

Esse aumento da produtividade pode ser alcançado pelo uso de fontes de energia que complementam aquela que é fornecida pela luz solar. Entre elas estão a energia do trabalhador que manipula a enxada, dos animais e dos combustíveis de máquinas que puxam o arado, dos fertilizantes e a energia elétrica que alimenta os sistemas de irrigação.

Esse incremento de energia à cadeia alimentar gera um aumento da biomassa e da energia disponível, permitindo alimentar um maior número de pessoas. Há, porém, um custo econômico e ambiental que inclui, por exemplo, a emissão de poluentes e a perda da biodiversidade, já que os ecossistemas originais, mais ricos em diversidade, dão lugar às extensas áreas de monocultura.

Plantação de milho sendo feita com a ajuda de um arado mecanizado. (Mato Grosso do Sul, 2014.)

TEMA 6

Os ciclos biogeoquímicos

A matéria que compõe os seres vivos e os elementos físicos dos ecossistemas circula pelo ambiente e pode ser reaproveitada pelos seres vivos.

A matéria nos ecossistemas

Diferentemente da energia química, produzida de modo constante principalmente pelos organismos fotossintetizantes, a matéria existe em quantidades limitadas no ambiente. Por essa razão, seu reaproveitamento é fundamental para o equilíbrio ecológico. Essa reciclagem é realizada em circuitos naturais conhecidos como **ciclos biogeoquímicos**.

Ciclo da água

A água é o principal componente dos seres vivos: dependendo da espécie, pode chegar a mais de 90% da massa corporal do organismo. Além de transportar substâncias, ela proporciona o ambiente necessário para as reações metabólicas dos seres vivos.

A água pode ser encontrada em três estados físicos: gasoso, na forma de vapor-d'água na atmosfera; líquido, como em oceanos, rios, lagos, chuva e lençóis subterrâneos; e sólido, como o gelo nos picos das montanhas e nas calotas polares. O ciclo hidrológico envolve mudanças de estado físico da água.

O ser humano altera o ciclo da água de várias maneiras. A água retirada de fontes subterrâneas ou superficiais passa por estações de tratamento que a tornam potável. Depois de distribuída para casas e indústrias onde é utilizada, a água é devolvida ao meio ambiente. Há cidades em que ela passa, primeiro, por estações de tratamento de esgoto. Em outras, o tratamento não é realizado, e a água chega contaminada aos ecossistemas.

Entrando na rede

No endereço da internet <www.rededasaguas.org.br/questao-agua/agua-viver-sem> você encontra informações sobre a água no planeta Terra.

Acesso em: maio 2014.

CICLO DA ÁGUA

A água líquida de lagos, rios e oceanos, bem como aquela eliminada pela transpiração dos animais e vegetais, evapora com o calor do Sol. Nas partes mais frias da atmosfera, ela se condensa, formando as nuvens. Durante a precipitação, a água pode escoar pela superfície do solo ou infiltrar-se nele, formando os depósitos subterrâneos de água. O gelo no pico das montanhas ou das calotas polares pode derreter com a radiação solar. (Imagem sem escala; cores-fantasia.)

109

Ciclo do carbono

O carbono está presente em toda a matéria viva e tem participação importante na composição de moléculas, como proteínas, carboidratos e lipídios, fundamentais para os seres vivos.

Os organismos produtores captam o gás carbônico (CO_2) presente na atmosfera e realizam a fotossíntese. Assim, o carbono passa a fazer parte dos compostos orgânicos resultantes desse processo, que são transferidos ao longo da cadeia alimentar.

O CO_2 é liberado ao meio ambiente pela respiração dos seres vivos e também pela decomposição realizada por fungos e bactérias.

CICLO DO CARBONO

Atualmente o equilíbrio do ciclo do carbono tem sido alterado por diversas atividades humanas, que liberam CO_2 para a atmosfera em quantidades muito grandes, que ultrapassam a capacidade de captação desse gás pelos seres fotossintetizantes. (Imagem sem escala; cores-fantasia.)

Os dois grandes reservatórios de carbono são os minerais carbonato em rochas (incluindo os combustíveis fósseis) e o carbono dissolvido nos oceanos.

Saiba mais!

A ÁGUA PODE ACABAR?

Muitas vezes ouvimos dizer que, em um futuro próximo, a água acabará. Entretanto, ela é um recurso natural renovável: o ciclo hidrológico garante a reposição desse bem, cuja quantidade, no planeta Terra, é fixa.

A preocupação diz respeito às fontes de água potável. Estas, sim, são recursos esgotáveis. A maior parte da água disponível no planeta é salgada (aproximadamente 97%) e 2/3 do volume restante está em geleiras. As reservas capazes de atender às necessidades humanas estão ameaçadas pelo crescimento populacional, a urbanização, o uso intensivo da água pelas indústrias e pela agricultura, a ocupação das bacias hidrográficas, a poluição das reservas de água doce e o desperdício, o que acabou prejudicando o abastecimento.

Essa crise é agravada pela distância entre algumas reservas de água e os centros de consumo e pela distribuição irregular das chuvas. Esses problemas, somados à desigualdade econômica entre os países, criam disparidades no consumo de água pelas diversas populações. Enquanto há países onde o consumo médio por habitante é menor do que 5 litros por dia, existem outros em que as pessoas usam, em média, 400 litros diários.

Em diversas regiões do planeta há pessoas que precisam cruzar longas distâncias para chegar às fontes de água. (Santana do Cariri, Ceará, 2012.)

Aquecimento global

Uma parte da energia solar que chega à superfície do planeta Terra é absorvida pelo solo e pelos oceanos. Outra parcela, no entanto, é irradiada de volta ao espaço. Nesse percurso, uma parte do calor é bloqueada por alguns gases atmosféricos, como o CO_2. Esse fenômeno natural, conhecido como **efeito estufa**, é fundamental para a vida na Terra. Estima-se que, sem o efeito estufa, a temperatura média no planeta seria até 30 °C mais baixa.

Desde a Revolução Industrial, iniciada no século XVIII, houve um aumento da concentração de CO_2 na atmosfera. Isso tem sido causado pela queima de combustíveis fósseis e também pela queima de madeira. O desmatamento ainda reduz a quantidade de vegetais capazes de absorver CO_2 por meio da fotossíntese. As erosões fazem com que o CO_2 retido no solo, resultante da decomposição da matéria orgânica e da respiração, também se desprenda para a atmosfera.

Muitos cientistas acreditam que o aumento da concentração de gases do efeito estufa tenha intensificado esse fenômeno e seja o responsável pela elevação da temperatura média do planeta. Esse processo, conhecido como **aquecimento global**, tem afetado o equilíbrio do clima e provocado mudanças climáticas: verões mais quentes, invernos mais gelados, furacões e tempestades mais fortes e derretimento de calotas polares e picos nevados em lugares onde isso não era comum.

EFEITO ESTUFA

A - A radiação solar que atravessa a atmosfera é absorvida pela superfície terrestre e a aquece.
B - Parte da radiação solar é refletida de volta ao espaço.
C - Parte da radiação solar refletida é retida pelos gases do efeito estufa, aquecendo a atmosfera e a superfície terrestre.

GLOSSÁRIO

Revolução Industrial: revolução que teve início na Inglaterra; marcou o surgimento da indústria e a introdução de máquinas no sistema de produção. Houve assim aumento do consumo de energia, cuja fonte principal, no século XVIII, era o carvão mineral.

Ciclo do oxigênio

O ciclo do oxigênio compreende, basicamente, a dinâmica entre dois processos biológicos: a fotossíntese e a respiração.

Os organismos produtores são os responsáveis pela produção do oxigênio presente na atmosfera. Na fotossíntese, eles absorvem o gás carbônico (CO_2) e liberam gás oxigênio (O_2).

O inverso ocorre na respiração: o O_2 proveniente da fotossíntese é consumido pelos seres vivos aeróbios, enquanto o CO_2 é liberado para o ambiente. Dessa forma, pode ser utilizado novamente pelos organismos fotossintetizantes, reiniciando o ciclo do oxigênio.

O oxigênio também é consumido em todas as combustões, sejam elas naturais ou decorrentes de atividades humanas.

Na atmosfera, o oxigênio pode transformar-se em ozônio. O processo inverso também ocorre.

O ozônio é um gás que, embora exista naturalmente, tem sua concentração junto à superfície terrestre aumentada pela queima de combustíveis fósseis. Nesse caso, o ozônio agrava a poluição do ar, causando problemas respiratórios nos seres humanos e danos às plantas.

Já a camada de ozônio localizada entre 25 e 30 quilômetros acima da superfície terrestre filtra parte dos raios ultravioleta provenientes do Sol. Assim, protege os organismos vivos dos efeitos mais nocivos dos raios solares, que afetariam a vida na Terra.

> **Saiba mais!**
>
> **FLORESTA AMAZÔNICA: PULMÃO DO MUNDO?**
>
> Não se sabe ao certo quem formulou essa expressão. O que se sabe é que, apesar de sua importância para o planeta, a floresta amazônica não é o pulmão do mundo.
>
> De forma resumida, a expressão "pulmão do mundo" quer dizer que a vegetação seria a principal responsável pela retirada do gás carbônico e liberação do oxigênio para a atmosfera. No entanto, os pulmões dos animais fazem exatamente o contrário: absorvem o oxigênio e liberam o gás carbônico.
>
> Há quem deixe de lado a comparação para apenas pensar que, por meio da fotossíntese, a floresta amazônica seria a maior responsável pela produção do oxigênio disponível na atmosfera. Trata-se de outro engano.
>
> Como ocorre em outras florestas, a vegetação da floresta amazônica consome, pela respiração, todo o oxigênio produzido pela fotossíntese.
>
> O saldo positivo da produção de oxigênio está nos oceanos. As algas marinhas são as principais responsáveis pela produção do oxigênio presente na atmosfera. Mas seria um equívoco afirmar que elas são o "pulmão do mundo". Afinal, os pulmões apenas consomem o oxigênio, não o produzem.
>
> | ORIGEM DO OXIGÊNIO DA ATMOSFERA | |
> |---|---|
> | Algas marinhas | 54,7% |
> | Vegetais de bosques e florestas | 24,9% |
> | Vegetais de estepes, campos e pastos | 9,1% |
> | Vegetais dos desertos | 3% |
> | Áreas cultivadas | 8% |
> | Algas de água doce | 0,3% |
>
> Fonte: MARGALEF, Ramón. *Ecologia*, de Ramón Margalef Barcelona: Ômega, 2005.

CICLO DO OXIGÊNIO

O ciclo do oxigênio é mantido, em grande parte, pelos processos de fotossíntese e respiração. (Imagem sem escala; cores-fantasia.)

Nos anos 1970, cientistas descobriram uma área com baixa concentração da camada de ozônio. Localizada sobre a Antártica, ela ficou conhecida como buraco na camada de ozônio, e acredita-se que tenha sido causada principalmente por gases clorofluorcarbonos (CFCs) que, durante muitos anos, foram utilizados em geladeiras, aparelhos de ar condicionado e aerossóis. Em 2009, todos os países-membros da Organização das Nações Unidas (ONU) haviam deixado de utilizar CFCs.

Ciclo do nitrogênio

O nitrogênio é vital para os seres vivos por fazer parte da constituição de moléculas, como as proteínas e os ácidos nucleicos (DNA e RNA). No entanto, apesar de ser o gás mais abundante na atmosfera, plantas e animais não são capazes de absorvê-lo diretamente do ar. Só podem aproveitá-lo depois que ele é captado e transformado por determinadas bactérias e por algas azuis.

Podemos dividir o ciclo do nitrogênio em quatro etapas:

- **Fixação.** Captação do nitrogênio atmosférico e sua transformação em amônia. É realizada por bactérias fixadoras que vivem no solo ou associadas a raízes de plantas leguminosas, como a soja e o feijão.
- **Amonificação.** Produção de amônia pela decomposição de proteínas e por outros resíduos nitrogenados contidos na matéria orgânica morta e nas excretas. É realizada por fungos e bactérias.
- **Nitrificação.** Conversão de amônia em nitratos, que podem ser absorvidos e utilizados pelas plantas, tornando-se parte das proteínas vegetais. É realizada por bactérias nitrificantes que vivem no solo.

Raiz de leguminosa com nódulos formados por bactérias fixadoras de nitrogênio.

- **Desnitrificação**. Conversão de nitratos em nitrogênio, que é liberado para a atmosfera. É realizada por bactérias desnitrificantes.

As plantas assimilam o nitrogênio do solo sob a forma de nitratos e o incorporam a proteínas e ácidos nucleicos. Assim, o nitrogênio torna-se disponível aos consumidores primários e ingressa na cadeia alimentar. Ele volta ao solo por meio dos excretas e pela decomposição dos organismos mortos.

CICLO DO NITROGÊNIO

(Diagrama do ciclo do nitrogênio mostrando: Plantas, Nitrogênio atmosférico, Animais, Desnitrificação, Bactérias desnitrificantes, Nitratos, Bactérias nitrificantes, Nitrificação, Organismos mortos, Excretas, Decompositores, Amonificação, Amônia, Fixação do nitrogênio, Bactérias fixadoras de nitrogênio nas raízes de plantas, Bactérias fixadoras de nitrogênio no solo.)

O ciclo do nitrogênio depende de determinadas espécies de bactérias para ocorrer. (Imagem sem escala; cores fantasia.)

Entrando na rede

No endereço da internet <http://videoseducacionais.cptec.inpe.br/> é possível encontrar vídeos sobre os ciclos do carbono e do nitrogênio, efeito estufa, aquecimento global, impactos das mudanças climáticas e buraco na camada de ozônio.

Acesso em: maio 2014.

AMBIENTE EM PAUTA

Os fertilizantes químicos

Em 1909, os químicos alemães Fritz Haber (1868-1934) e Carl Bosch (1874-1940) desenvolveram um método de transformação do nitrogênio gasoso em amônia, que hoje em dia é empregado na produção de fertilizantes químicos para a agricultura. Esses fertilizantes compostos de nitrogênio, fósforo e potássio, são amplamente utilizados em todo o mundo. Eles aumentam a produtividade das lavouras, mas também são responsáveis por graves problemas ambientais.

Os fertilizantes químicos poluem os depósitos subterrâneos de água e o curso dos rios, degradam o solo e, como liberam o óxido nitroso, que é um dos gases do efeito estufa, contribuem para o aquecimento global. Todos esses fatores fazem com que os fertilizantes químicos ameacem a biodiversidade dos ecossistemas.

Considerando o uso de adubo orgânico inviável para grandes áreas de plantação, um modo de minimizar os prejuízos causados pelos fertilizantes químicos seria incluir, entre as práticas agrícolas, a adubação verde. Ela consiste no plantio de leguminosas que enriqueceriam o solo, pois suas raízes possuem bactérias fixadoras de nitrogênio.

Os fertilizantes químicos aplicados na lavoura aumentam a produtividade, mas têm um alto custo ambiental.

ATIVIDADES

TEMAS 4 A 6

ORGANIZAR O CONHECIMENTO

1. Por que o primeiro nível trófico das cadeias alimentares sempre é ocupado por um ser vivo produtor?

2. Qual é o papel dos organismos decompositores nos ecossistemas?

3. Explique o que acontece com a quantidade de energia transferida ao longo de uma cadeia alimentar.

ANALISAR

4. Os ciclos biogeoquímicos podem ser classificados em duas categorias:

   > Gasosos: os elementos circulam, principalmente, entre os seres vivos e a atmosfera.
   > Sedimentares: os elementos circulam, principalmente, entre a crosta terrestre, a hidrosfera e os seres vivos.

   Classifique os ciclos da água, do oxigênio e do nitrogênio nessas categorias.

5. Observe a seguinte teia alimentar.

   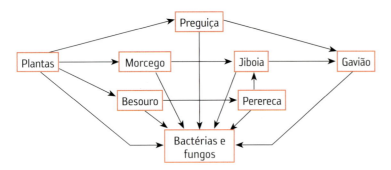

   a) Como se dá a entrada de energia nessa teia alimentar?
   b) Nessa teia, existem seres vivos que participam de mais de uma cadeia alimentar? Cite quais são eles.
   c) Nessa teia, algum consumidor ocupa dois níveis tróficos diferentes? Identifique-os e escreva quais níveis eles ocupam.
   d) Qual alimento proporciona a maior fonte de energia para os gaviões? Por quê?

6. A tabela a seguir apresenta informações sobre a alimentação dos seres consumidores que vivem em torno de uma plantação de soja.

Consumidores	Alimentos
Ratos	Soja
Gafanhotos	Soja
Aranhas	Gafanhotos
Corujas	Gafanhotos, ratos e aranhas

   a) Monte uma teia alimentar com base nessas informações.
   b) Observe a pirâmide de energia ao lado. Quais níveis da pirâmide de energia representam a soja, os gafanhotos/ratos e as corujas?
   c) Considerando apenas a teia alimentar, qual seria a provável consequência, para os produtores de soja dessa região, da introdução de uma espécie predadora das corujas?

PIRÂMIDE DE ENERGIA

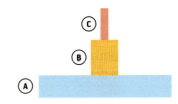

7. Observe o gráfico:

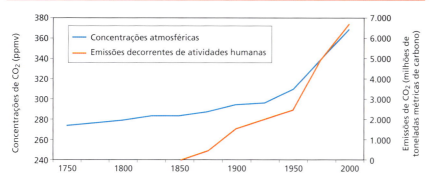

CONCENTRAÇÕES ATMOSFÉRICAS E EMISSÕES ANTROPOGÊNICAS DE GÁS CARBÔNICO ENTRE OS ANOS DE 1750 E 2000.

Fonte: Disponível em: < http://www.ipam.org.br/saiba-mais/abc/mudancaspergunta/Quais-sao-as-principais-fontes-de-gases-de-efeito-estufa-decorrentes-das-atividades-humanas-/11/3>. **Acesso em:** maio 2014.

a) Interprete o gráfico acima, explicando a relação existente entre as duas linhas que ele apresenta.

b) De acordo com o gráfico, o gás carbônico estava presente na atmosfera antes de começar a ser emitido por atividades humanas? Em caso positivo, qual era a origem desse gás?

c) Considerando apenas o período retratado pelo gráfico, quando foi que, aproximadamente, o efeito estufa passou a ter influência sobre o clima no planeta Terra? Justifique sua resposta.

d) De acordo com a maioria dos cientistas, qual tem sido a consequência das emissões de gás carbônico por atividades humanas sobre o clima da Terra?

e) Observe a imagem ao lado. De que modo essa atividade contribui para a elevação da concentração de gás carbônico na atmosfera?

Toras de madeiras empilhadas. (Acre, 2012.)

8. O plantio consorciado é o cultivo de duas ou mais espécies em uma mesma área. Há agricultores que fazem, por exemplo, o plantio consorciado do milho com o feijão, que é uma leguminosa. Por que essa prática torna o solo mais rico em nitrogênio?

9. O planeta Terra dispõe de, aproximadamente, 1,39 bilhão de km³ de água. (*Atlas da Água*, de Robin Clarke e Jannet King. São Paulo: Publifolha, 2009.). Explique como esse volume se mantém constante e por que, apesar dessa quantidade fixa, a humanidade deve se preocupar com o consumo desse recurso.

COMPARTILHAR

10. Em grupo, faça uma pesquisa sobre espécies invasoras que, hoje em dia, causam problemas ambientais no Brasil. Escolha uma dessas espécies e elabore uma notícia a respeito do assunto por meio de um *podcast*. A notícia deve trazer, pelo menos, as seguintes informações: a região afetada pela espécie invasora, o modo como ela chegou a essa região, as razões pelas quais se tornou invasora e os prejuízos causados sobre a fauna e a flora ou sobre as atividades econômicas da região.

GLOSSÁRIO

Podcast: arquivo de áudio digital; pode ser baixado da internet para o computador e transferido para aparelhos portáteis, como tocadores de música digital e mp3 *players*.

TEMA 7

Estudo das populações

Alguns fatores impedem que as populações cresçam de modo ilimitado nos ecossistemas.

Densidade populacional

A densidade populacional equivale ao número de indivíduos de uma mesma espécie que vive em determinada área, no caso de espécies terrestres, ou volume, no de espécies aquáticas. Quando se fala em populações humanas, usa-se o termo **densidade demográfica**.

$$\text{Densidade populacional} = \frac{\text{número de indivíduos}}{\text{área ou volume}}$$

A densidade populacional pode ser afetada por quatro fatores.

- **Taxa de natalidade**. É o número de indivíduos que nascem na população em um determinado período.
- **Taxa de mortalidade**. É o número de indivíduos de uma população que morrem em determinado período.
- **Imigração**. É o número de indivíduos vindos de outras áreas e que passam a fazer parte da população.
- **Emigração**. É o número de indivíduos que partem para outras áreas e deixam de fazer parte da população.

Fatores que regulam o tamanho das populações

As populações poderiam crescer indefinidamente, caso não existissem fatores limitantes. Essa capacidade de crescimento ilimitado é denominada **potencial biótico**.

Entretanto, os ambientes naturais não permitem esse tipo de crescimento. Existem diversos fatores que controlam o tamanho das populações; entre eles estão, por exemplo, o clima, a incidência de luz, a presença de poluentes, as interações ecológicas e a disponibilidade de alimento, água, abrigo e locais para reprodução. Em conjunto, esses fatores determinam a **capacidade de suporte**, ou a **carga biótica máxima**, que corresponde ao número máximo de indivíduos de uma população suportados pelos recursos do ambiente.

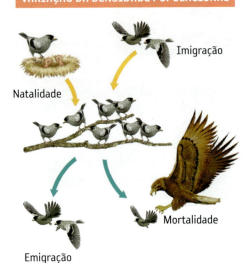

VARIAÇÃO DA DENSIDADE POPULACIONAL

(Imagem sem escala; cores-fantasia.)

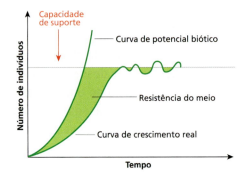

MODELOS DE CRESCIMENTO POPULACIONAL

A curva de potencial biótico representa o crescimento de uma população em condições ideais, com recursos ilimitados e sem resistência do meio. A curva de crescimento real descreve uma situação próxima à realidade: em um primeiro momento há crescimento, até que um ou mais fatores ambientais (resistência do meio) o limitem; por fim, a população se estabiliza e tende a permanecer em equilíbrio, com pequenas flutuações.

116

Predação

Entre as interações ecológicas que controlam o tamanho das populações está a predação. Vejamos o caso de lebres e linces da região ártica do Canadá.

Uma população elevada de presas acarreta o aumento da quantidade de predadores. Uma vez que o número de predadores aumenta, a população de presas tende a reduzir-se, diminuindo também o recurso disponível para o predador. Consequentemente, sua população reduz. A menor pressão de predação permite que a população de presas volte a crescer. A interação predador-presa gera, portanto, um ciclo.

Lince (*Lynx lynx*) atacando uma lebre (*Lepus americanus*).

VARIAÇÕES DAS POPULAÇÕES DE LINCE E DE LEBRE

Gráfico da variação das populações de lince e de lebre no Canadá. Nesse caso, o tamanho de uma população é controlado pela interação com a outra.

Fonte: RICKLEFS, R. E. *A economia da natureza*. 6. ed. Rio de Janeiro: Guanabara Koogan, 2010.

Competição

A competição é outro tipo de interação ecológica que regula o tamanho das populações. Ela pode ser intraespecífica (entre indivíduos da mesma população) ou interespecífica (entre indivíduos de diferentes populações).

A competição por recursos limitados, como alimentos, resulta em um efeito negativo para todos os animais envolvidos, pois alguns indivíduos podem morrer ou ser forçados a emigrar.

Multimídia interativa

Gráficos de controle populacional

Saiba mais!

PRINCÍPIO DE GAUSE

Em 1934, o ecólogo russo G. F. Gause realizou experimentos com duas espécies de protozoários: *Paramecium aurelia* e *Paramecium caudatum*.

Ele observou que, quando cultivadas isoladamente, as populações de cada espécie crescem e se estabilizam. Porém, quando colocadas em um mesmo meio, a população de *P. caudatum* tende a desaparecer.

Com base nesse resultado, Gause formulou o **princípio da exclusão competitiva**, segundo o qual duas espécies não podem ocupar o mesmo nicho ecológico em um ambiente estável.

Quando os nichos de duas espécies se sobrepõem, a competição entre elas é muito intensa, o que pode determinar o deslocamento ou a extinção de uma das duas.

PRINCÍPIO DA EXCLUSÃO COMPETITIVA

TEMA 8

Sucessão ecológica

As áreas descobertas dos ecossistemas podem ser colonizadas pela vegetação, transformando o ambiente e atraindo animais.

GLOSSÁRIO

Líquen: associação de algas e fungos.

Saiba mais!

ESPÉCIES PIONEIRAS

As espécies de vegetais e liquens capazes de colonizar um ambiente são adaptadas a condições ambientais adversas.

Elas apresentam ciclo de vida curto e crescimento rápido. Suas sementes e esporos, produzidos em grande quantidade, germinam em solos que recebem a incidência direta da luz solar e possuem pouca umidade, além de possuírem mecanismos de dispersão eficientes.

Quando determinada área de um ecossistema está descoberta e passa a ser colonizada pela vegetação, transformando o ambiente, dizemos que está ocorrendo um processo de **sucessão ecológica**.

Há dois tipos de sucessão ecológica: a primária e a secundária.

Sucessão ecológica primária

Há ocasiões em que áreas nas quais não existia nenhuma forma de vida, como rochas nuas, dunas de areia ou lava vulcânica resfriada, passam a ser ocupadas por seres vivos.

As primeiras espécies de plantas e liquens capazes de ocupar um terreno desabitado são chamadas de **espécies pioneiras**.

Uma vez instaladas, as espécies pioneiras começam a modificar as condições do hábitat. A superfície do solo passa a conter matéria orgânica e a reter água. Essas transformações criam novos nichos ecológicos, que podem ser ocupados por outras espécies, como pequenos arbustos, que, por sua vez, oferecem alimento e abrigo para animais invertebrados. Animais vertebrados, consumidores de plantas e de invertebrados podem ser atraídos, compondo uma nova comunidade.

A decomposição da matéria orgânica enriquece o solo que, coberto por vegetais, passa a ter maior umidade e a sofrer menor variação de temperatura. As espécies vegetais mais tardias passam a competir com as pioneiras por recursos do ambiente e acabam por substituí-las gradualmente.

Vegetação pioneira de dunas de areia, na Praia do Atalaia. (Pará, 2013.)

Liquens crescendo sobre rochas.

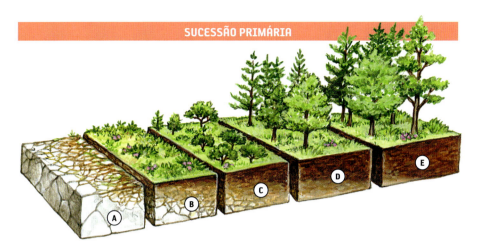

SUCESSÃO PRIMÁRIA

(**A**) Colonização de rochas por espécies pioneiras, como os liquens. Eles provocam a erosão da rocha, dando origem às primeiras camadas de solo. (**B**) Colonização do solo recém-formado por vegetação rasteira. (**C**) e (**D**) Instalação da vegetação de maior porte até que se atinja a comunidade clímax (**E**). (Imagem sem escala; cores-fantasia.)

Sucessão ecológica secundária

O processo de sucessão ecológica também ocorre quando o ecossistema original foi alterado ou destruído, seja por causas naturais, seja por causas antrópicas. Terrenos onde houve desmatamento, queimadas ou enchentes, por exemplo, se não sofrerem mais nenhuma interferência, têm a capacidade de regenerar-se.

Nesses casos, o solo aparenta estar desabitado, mas pode conter sementes e esporos de espécies que habitavam o local antes da interferência ou que foram transportadas de ecossistemas vizinhos, por animais ou pelo vento. Eles germinam e podem recolonizar a área.

GLOSSÁRIO

Antrópico: evento que resulta da ação humana.

SUCESSÃO SECUNDÁRIA

(**A**) Ocorrência de espécies pioneiras, geralmente gramíneas, em solo previamente formado. (**B**), (**C**) e (**D**) Vegetação de maior porte é favorecida pela matéria orgânica originada pela vegetação pioneira. (**E**) Estabelecimento da comunidade clímax. (Imagem sem escala; cores-fantasia.)

Fonte: CAMPBELL, N. A. et al. *Biology*. 5. ed. Menlo Park: Benjamin/Cummings, 1999.

Comunidade clímax

O processo de sucessão ecológica promove um aumento da biomassa e da biodiversidade. Surgem novas cadeias alimentares e as relações dos seres vivos entre si e com o ambiente vão se tornando cada vez mais complexas.

Esse processo, no entanto, não é ilimitado, mas atinge uma etapa final, chamada **clímax**. Na comunidade clímax, as populações estão em equilíbrio entre si e com o ambiente físico. Nesse estágio, a biomassa e a biodiversidade permanecem relativamente constantes ao longo do tempo.

A composição da comunidade clímax de uma área depende de diversos fatores, como o clima, o tipo de solo e os animais que habitam o local. Seja qual for sua composição, a comunidade clímax tem grande capacidade de regeneração. Caso seja destruída, uma nova sucessão pode reconstituí-la.

Os grandes biomas brasileiros, como o cerrado, são comunidades clímax. (Parque Nacional da Serra do Cipó, MG.)

TEMA 9
O ser humano no ambiente

A humanidade depende dos recursos naturais para sobreviver, mas o modo de vida com base no consumo ameaça cada vez mais o meio ambiente.

O crescimento populacional e o consumo

O século XX foi marcado pela aceleração do crescimento da população humana. O planeta Terra, que no ano de 1900 tinha cerca de 1,65 bilhão de habitantes, em 2011 já abrigava 7 bilhões de pessoas.

Esse crescimento vem aumentando a demanda por recursos naturais e a área ocupada pela produção agrícola, destinada à alimentação.

A humanidade tem feito uso crescente de matérias-primas e de energia, além de gerar enorme quantidade de resíduos que, em grande parte, não são reaproveitados e são descartados no meio ambiente. A exploração dos recursos naturais é cada vez mais intensa; áreas antes preservadas estão sendo ocupadas e as fontes de água, o ar e o solo recebem cada vez mais poluentes.

Saiba mais!

A PEGADA ECOLÓGICA

A Pegada Ecológica de um país, de uma cidade ou de uma pessoa, corresponde ao tamanho das áreas produtivas de terra e de mar, necessárias para gerar produtos, bens e serviços que sustentam determinados estilos de vida. Em outras palavras, a Pegada Ecológica é uma forma de traduzir, em hectares (ha), a extensão de território que uma pessoa ou toda uma sociedade "utiliza", em média, para se sustentar.

Fonte: WWF. Disponível em: <http://www.wwf.org.br/natureza_brasileira/especiais/pegada_ecologica/o_que_compoe_a_pegada>. **Acesso em:** maio 2014.

O crescimento populacional e o estilo de vida com base no consumo de bens pouco duráveis característico dos grandes centros urbanos, como a cidade de São Paulo (**A**), geram impactos até mesmo sobre ecossistemas distantes, como Querência, município de Mato Grosso (**B**), onde a ampliação da área de cultivo e o uso dos recursos naturais transformam a paisagem natural.

Problemas ambientais mundiais

A interferência da humanidade nos ecossistemas tem provocado uma série de problemas ambientais, como a destruição da camada de ozônio, a introdução de espécies exóticas e a perda da biodiversidade. Outros deles são apresentados a seguir.

- **Mudanças climáticas**. O aumento das concentrações de dióxido de carbono (CO_2), óxido nitroso (N_2O) e metano (CH_4) na atmosfera elevou a temperatura média da superfície da Terra. Essa mudança provocou alterações em outros aspectos do clima, como o padrão de chuvas, o movimento das massas de ar, o degelo das calotas polares, o nível do mar e sua composição química, entre outros.

Entrando na rede

No endereço da internet <http://www.footprintnetwork.org/en/index.php/gfn/page/calculators/> você pode calcular a marca de sua pegada ecológica sobre o planeta.

Acesso em: maio 2014.

- **Chuva ácida**. Os dióxidos de enxofre (SO_2) e de nitrogênio (NO_2), gases produzidos pela queima de combustíveis fósseis, reagem com o vapor de água na atmosfera e dão origem aos ácidos sulfúrico e nítrico, que se precipitam com a chuva, formando a chuva ácida, que causa a dissolução dos nutrientes do solo e a liberação de alumínio, tóxico para as plantas. Os ácidos contaminam as reservas de água, alterando o metabolismo dos organismos aquáticos. Prédios e monumentos, principalmente os feitos de mármore, também são afetados.
- **Inversão térmica**. Em geral, o ar mais próximo à superfície da Terra é mais quente do que o das camadas superiores. Por ser menos denso que o ar frio, o ar quente ganha altitude e leva consigo os poluentes, que assim se dispersam. A inversão térmica ocorre geralmente no inverno, quando uma camada de ar frio se forma junto à superfície terrestre, abaixo da camada de ar quente. Como o ar frio é mais denso e se mantém próximo à superfície, a dispersão dos poluentes é prejudicada. O problema agrava-se em centros urbanos, onde a inversão térmica eleva a concentração de poluentes, provocando doenças respiratórias e outros problemas de saúde.
- **Erosão**. A desagregação e o arraste das partículas do solo pela água ou pelo vento são processos naturais, mas o desmatamento e a ocupação desordenada das áreas naturais os têm acelerado. A erosão torna o solo impróprio para o cultivo e, em algumas regiões, tem levado à desertificação. Ela também pode causar o assoreamento, que é o acúmulo de materiais arrastados em locais mais baixos, como rios e lagos, prejudicando o curso das águas e a vida aquática.
- **Eutrofização**. O acúmulo de nutrientes em ecossistemas aquáticos pode acontecer naturalmente, mas em geral está associado a atividades humanas poluidoras, como o despejo de esgoto doméstico e de fertilizantes da agricultura. Ele favorece a proliferação excessiva de fitoplâncton e de algas, que tornam as águas turvas, reduzem sua oxigenação e, em alguns casos, liberam toxinas que provocam a morte dos animais. Assim, a eutrofização afeta toda a cadeia alimentar aquática.

INVERSÃO TÉRMICA

Inversão térmica. (**A**) O ar quente, menos denso que o frio, dissipa os poluentes. (**B**) O ar mais frio não consegue dissipá-los. (Imagens sem escala; cores-fantasia.)

Fonte: CETESB. Disponível em: <http://www.cetesb.sp.gov.br/Ar/anexo/inversao.htm>. **Acesso em**: maio 2014.

Trabalhadores em lago eutrofizado na província de Anhui. (China, 2012.)

Saiba mais!

O CONSUMO CONSCIENTE

Nas práticas de consumo consciente, o ato de comprar não se restringe à aquisição de determinados produtos. Ele envolve a consciência sobre quando, quanto, como e de quem comprar.

O consumidor consciente leva em conta as implicações do consumo para o meio ambiente, a saúde humana e animal e até mesmo as relações de trabalho envolvidas na fabricação e na distribuição dos produtos.

Entre as práticas do consumo consciente estão a análise da real necessidade de consumir algo; a escolha de produtos fabricados por empresas responsáveis; a redução do consumo de embalagens e sacolas plásticas; o cuidado com o desperdício; o reaproveitamento e a reciclagem de materiais.

O consumo consciente concilia a satisfação pessoal e a sustentabilidade.

Entre as atitudes do consumidor consciente estão a reflexão sobre a necessidade de adquirir produtos e o exame das embalagens e dos rótulos.

Entrando na rede

No endereço da internet <https://www.youtube.com/watch?v=3c88_Z0FF4k> você encontra o vídeo *A história das coisas* (legendado em português), que apresenta os problemas econômicos e sociais gerados pelo estilo de vida com base no consumo.

Acesso em: maio 2014.

Preservação ambiental e desenvolvimento econômico

As medidas de progresso adotadas pelos países industrializados proporcionaram, ao longo dos anos, melhorias na qualidade de vida da população, mas tiveram como custo a degradação dos ecossistemas e a desigualdade social.

Não existe, necessariamente, uma contradição entre o desenvolvimento econômico e a conservação ambiental. O problema é que, na sociedade de consumo, as ideias sobre o que possam ser o bem-estar e a felicidade dos seres humanos frequentemente pressupõem poder de compra.

Estima-se que, em 2030, a população mundial ultrapasse os 8 bilhões de habitantes. Se o ritmo de consumo anual por pessoa continuar como nos dias de hoje, serão necessários dois planetas Terra para satisfazer toda a população. É preciso que os governos repensem o modelo de desenvolvimento e que os indivíduos assumam novos modos de vida.

Entretanto, existem setores da sociedade e governos de países industrializados que resistem a abrir mão da produção em nome do meio ambiente. São esses países, justamente, os principais emissores de CO_2 para a atmosfera e aqueles cuja população pratica as mais altas taxas de consumo.

O desenvolvimento sustentável

O desenvolvimento sustentável é um conceito que surgiu para conciliar a satisfação das necessidades humanas com a preservação do meio ambiente. De acordo com seus princípios, a qualidade de vida da população pode ser mantida sem que, ao longo do tempo, a capacidade, a diversidade e a funcionalidade dos ecossistemas sejam prejudicadas.

O desenvolvimento sustentável pode ser definido como aquele capaz de suprir as necessidades das atuais gerações sem comprometer os recursos disponíveis para as gerações futuras.

Dimensões do desenvolvimento sustentável

Os componentes básicos do desenvolvimento sustentável são:

Ecológico	• Promove a conservação dos ecossistemas e dos recursos naturais, mantendo suas características principais, que são essenciais para sua sobrevivência em longo prazo. • Propicia o manejo dos recursos naturais, isto é, o planejamento e o controle de sua utilização.
Econômico	• O crescimento econômico deve ser subordinado à capacidade dos ecossistemas. • Deve ser direcionado para melhorar a qualidade de vida da população.
Social	• A população humana não pode crescer descontroladamente, porque a Terra é finita. • Os benefícios e os custos do desenvolvimento devem ser distribuídos equitativamente entre a população. • A população deve participar da tomada de decisões.

Medidas para um desenvolvimento sustentável

Em todo o mundo, os movimentos ambientalistas ganham força e surge uma nova percepção sobre o papel dos indivíduos, dos diversos setores da sociedade e do poder público na questão ambiental.

O desenvolvimento sustentável requer ações cuidadosamente planejadas, estratégias de curto, médio e longo prazo e compromissos entre os países, mas também a consciência ambiental de cada ser humano sobre seu estilo de vida. Não bastam esforços isolados. O desenvolvimento sustentável exige a integração de atitudes pessoais, comunitárias e governamentais.

- **Medidas individuais**. Incluem o consumo consciente de produtos, a cultura da economia de energia e de recursos como a água, a separação dos resíduos recicláveis e o uso de transporte público ou carona solidária.
- **Medidas coletivas**. Organizações como condomínios, escolas, empresas e fábricas podem adotar programas que incentivem os indivíduos a assumir atitudes sustentáveis. Esses programas podem incluir, por exemplo, iniciativas em educação ambiental.
- **Medidas governamentais**. Além de incentivar atitudes individuais e coletivas, cabe ao poder público oferecer saneamento básico para toda a população, promover a coleta seletiva de lixo e investir em fontes de energia limpa que colaborem para reduzir a queima de combustíveis fósseis, como priorizar o uso do transporte público pela população. Pode, ainda, planejar ações em educação ambiental, criar e proteger as Unidades de Conservação de áreas naturais e recuperar áreas degradadas.

Alunos de uma escola agrícola do Ceará em aula de campo, cujo objetivo é formar gerações conscientes sobre a importância das atividades agrícolas, aliadas à preservação ambiental.

COLETIVO CIÊNCIAS

Reservas de Desenvolvimento Sustentável

Uma das categorias de Unidades de Conservação do meio ambiente são as Reservas de Desenvolvimento Sustentável. Elas são áreas onde vivem populações tradicionais que, ao longo de gerações, têm sua subsistência baseada na exploração dos recursos naturais.

O objetivo dessas reservas é manter a qualidade de vida da população e, ao mesmo tempo, preservar as riquezas naturais da região.

A primeira Reserva de Desenvolvimento Sustentável do Brasil foi Mamirauá, criada em 1996 no município de Tefé, no Amazonas.

O plano de manejo da Reserva inclui regras sobre o modo e os limites de exploração dos recursos, os locais em que a vegetação original pode ser substituída por espécies cultiváveis e as regras de visitação. Em Mamirauá, essas decisões são tomadas com base nos conhecimentos dos moradores e em pesquisas científicas sobre a natureza local. A conciliação da experiência de vida na floresta com os estudos científicos contribui para a preservação da biodiversidade da reserva.

Turista em passeio de barco na reserva de Mamirauá. (Amazonas, 2007.)

ATIVIDADES

TEMAS 7 A 9

ORGANIZAR O CONHECIMENTO

1. Considerando o aumento de cada uma das taxas a seguir, diga se a população aumenta ou diminui em cada caso.
   a) Natalidade.
   b) Mortalidade.
   c) Imigração.
   d) Emigração.

2. Em uma sucessão ecológica primária, de que modo o solo se torna adequado para que os seres vivos possam se estabelecer?

3. Explique a relação entre o consumo de produtos industrializados e a degradação dos ecossistemas.

ANALISAR

4. O conceito de desenvolvimento sustentável surgiu em um momento de crise ambiental do planeta Terra. Explique essa afirmação.

5. Diversos tipos de gripe foram responsáveis por milhões de mortes no decorrer da história da humanidade. A transmissão da gripe é um fator dependente ou independente da densidade populacional ou demográfica? Por quê?

6. Um trecho de floresta está superpovoado por uma população de quatis. Nesse momento, o que tende a ocorrer com essa população? Por quê?

7. Duas espécies de moscas *Drosophila* foram criadas em recipientes separados, com condições de temperatura e umidade adequadas, e receberam alimento todos os dias.
   No gráfico a seguir, estão representadas as quantidades de alimento recebido e o número de adultos de cada espécie que eclodiram por dia.

   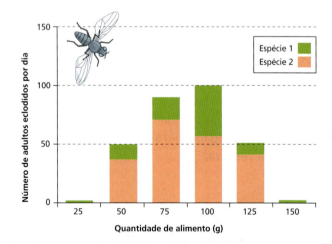

   a) Qual é a quantidade mínima de alimento para que as duas espécies produzam adultos?
   b) Qual é a quantidade de alimento que otimiza a produção de adultos em cada espécie?

8. Um jardim é periodicamente capinado, isto é, "limpo", para que as plantas indesejadas, comumente chamadas de pragas ou ervas-daninhas, sejam retiradas.
   a) Que tipo de sucessão ecológica ocorre após a retirada dessas espécies?
   b) Caso o jardim continue a ser tratado dessa forma, esse sistema poderá atingir o estágio de comunidade clímax? Por quê?

9. As imagens abaixo retratam momentos distintos da sucessão ecológica em um ambiente terrestre.
   Determine a sequência cronológica correta dos acontecimentos e faça uma breve descrição de cada etapa.

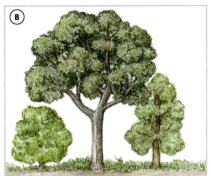

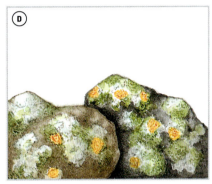

(Imagens sem escala; cores-fantasia.)

10. Explique a relação entre o crescimento da população humana, o modo de vida com base no consumo e o surgimento do conceito de desenvolvimento sustentável.

11. Considerando seu modo de vida, faça uma análise de seus hábitos e liste alguns que você considera sustentáveis.

12. Em sua opinião, a redução do impacto de suas ações sobre o planeta depende apenas de uma iniciativa pessoal em assumir atitudes sustentáveis? Justifique a resposta.

COMPARTILHAR

13. Em grupo, preparem uma entrevista composta de três questões sobre consciência ambiental. Vocês deverão entrevistar de 5 a 10 pessoas a respeito do tema, podendo perguntar sobre o conhecimento a respeito do assunto e atitudes cotidianas. As entrevistas deverão ser gravadas em vídeo e, posteriormente, o grupo deve filmar uma síntese das conclusões sobre as entrevistas. O material será exibido aos colegas em sala de aula.

Pensar com flexibilidade

Ao elaborar as perguntas, procure considerar que diferentes pessoas, com diferentes bagagens de vida e de conhecimento, as responderão. Busque questões que possam ser respondidas por um grande número de entrevistados.

125

QUESTÕES DO ENEM E DE VESTIBULARES

1. **(UFJF-MG)** A cada ano, a grande marcha africana se repete. São milhares de gnus e zebras, entre outros animais, que migram da Tanzânia e invadem a Reserva Masai Mara, no sudoeste do Quênia, em busca de água e pastos verdes. Durante a viagem, filhotes de gnus e zebras recém-nascidos e animais mais velhos tornam-se presas fáceis para os felinos. Outros animais não resistem e morrem durante a migração. Analise as afirmativas a seguir que trazem informações sobre fatores que contribuem para a variação na densidade populacional.

   I. A limitação de recursos justifica os movimentos migratórios.
   II. Os felinos contribuem para regular o tamanho das populações de gnus e zebras.
   III. Fatores climáticos não interferem nos processos migratórios.
   IV. A velocidade de crescimento das populações de felinos depende da disponibilidade de presas.
   V. O tamanho das populações de gnus e zebras não se altera durante a migração.

   Assinale a opção que apresenta somente afirmativas CORRETAS.
   a) I, II e III
   b) I, II e IV
   c) I, III e V
   d) II, IV e V
   e) III, IV e V

2. **(Fuvest-SP)** A partir da contagem de indivíduos de uma população experimental de protozoários, durante determinado tempo, obtiveram-se os pontos e a curva média registrados no gráfico abaixo. Tal gráfico permite avaliar a capacidade limite do ambiente, ou seja, sua carga biótica máxima.

   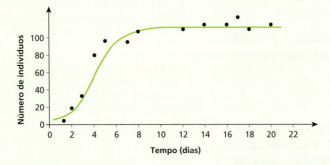

   De acordo com o gráfico,
   a) a capacidade limite do ambiente cresceu até o dia 6.
   b) a capacidade limite do ambiente foi alcançada somente após o dia 20.
   c) a taxa de mortalidade superou a de natalidade até o ponto em que a capacidade limite do ambiente foi alcançada.
   d) a capacidade limite do ambiente aumentou com o aumento da população.
   e) o tamanho da população ficou próximo da capacidade limite do ambiente entre os dias 8 e 20.

3. **(UFRGS-RS)** O mexilhão-dourado é uma espécie invasora introduzida no Brasil que danifica tubulações nas estações de captação de água no lago Guaíba, em Porto Alegre.

   Sobre as espécies invasoras, é correto afirmar que
   a) elas são as espécies pioneiras de um determinado hábitat.
   b) elas apresentam baixo potencial adaptativo.
   c) elas alteram teias alimentares dos ecossistemas onde são introduzidas.
   d) sua proliferação é controlada por predadores endógenos ao sistema.
   e) elas promovem o aumento da biodiversidade.

4. **(UFC-CE)** No gráfico abaixo, está representada a variação no tamanho das populações de três organismos, ao longo de um período de tempo. As populações são de um herbívoro, da planta que lhe serve de alimento e de seu predador. Em determinado momento, a população de predadores começou a declinar devido a uma doença, o que refletiu no tamanho das duas outras populações.

   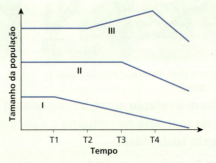

   a) Quais populações estão representadas pela linha II e pela linha III?
   b) O que provocou a mudança de trajetória da linha III no tempo T2?
   c) O que provocou a mudança de trajetória da linha II no tempo T3?
   d) O que provocou a mudança de trajetória da linha III no tempo T4?

5. **(UFRJ-2011)** Nos mercados e peixarias, o preço da sardinha (*Sardinella brasiliensis*) é oito vezes menor do que o preço do cherne (*Epinephelus niveatus*). A primeira espécie é de porte pequeno, tem peso médio de 80 gramas e se alimenta basicamente de fitoplâncton e zooplâncton. A segunda espécie é de porte grande, tem peso médio de 30.000 gramas e se alimenta de outros peixes, podendo ser considerado um predador topo.

   Considerando a eficiência do fluxo de energia entre os diferentes níveis tróficos nas redes tróficas marinhas como o principal determinante do tamanho das populações de peixes, justifique a diferença de preço entre as duas espécies.

126

6. (UFG-GO) Analise o diagrama a seguir.

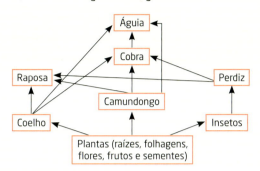

A teia alimentar representada evidencia as relações interespecíficas de uma comunidade que ocorre em vários ecossistemas. No caso da retirada dos consumidores secundários, espera-se inicialmente que a população de

a) consumidores primários diminua.
b) consumidores terciários aumente.
c) produtores diminua.
d) consumidores quaternários aumente.
e) decompositores diminua.

7. (Enem-MEC) O texto "O voo das Folhas" traz uma visão dos índios Ticunas para um fenômeno usualmente observado na natureza.

O voo das Folhas
Com o vento
As folhas se movimentam.
E quando caem no chão
ficam paradas em silêncio.
Assim se forma o *ngaura*. O *ngaura* cobre o chão da floresta, enriquece a terra e alimenta as árvores.]
As folhas velhas morrem para ajudar o crescimento das folhas novas.
Dentro do *ngaura* vivem aranhas, formigas, escorpiões, centopeias, minhocas, cogumelos e vários tipos de outros seres muito pequenos.]
As folhas também caem nos lagos, nos igarapés e igapós.

A *natureza segundo os Ticunas/Livro das Árvores*. Organização Geral dos Professores Bilingues Ticunas, 2000.

Na visão dos índios Ticunas, a descrição sobre o *ngaura* permite classificá-lo como um produto diretamente relacionado ao ciclo

a) da água.
b) do oxigênio.
c) do fósforo.
d) do carbono.
e) do nitrogênio.

Quadro-resumo

1. A Ecologia é a ciência que estuda as relações dos seres vivos entre si e com o ambiente.

2. A população é um conjunto de indivíduos da mesma espécie que vivem, em interação, em uma mesma área geográfica.

3. Uma comunidade ecológica é o conjunto de populações de espécies diferentes que vivem, em interação, em uma mesma área geográfica.

4. Os ecossistemas são conjuntos de comunidades (componentes bióticos) e de elementos físicos (componentes abióticos) que interagem entre si.

5. A biosfera é o conjunto de todos os ecossistemas do planeta Terra.

6. As relações entre os organismos para obtenção de alimentos são chamadas de cadeias alimentares; elas são formadas por níveis tróficos e compõem as teias alimentares.

7. Em uma cadeia alimentar fazem parte os seres vivos produtores (autótrofos), consumidores (heterótrofos) e decompositores.

8. A energia e a matéria obtidas pelos alimentos são transferidas de um nível trófico a outro.

9. O fluxo de energia pelos diferentes níveis tróficos pode ser representado por três tipos de pirâmides ecológicas: de energia, de número e de biomassa.

10. Espécies exóticas são aquelas que vivem em ambientes para onde foram levadas pelos seres humanos; quando prejudicam as espécies nativas e os ecossistemas, são chamadas de invasoras.

11. Os circuitos naturais percorridos pela matéria no ambiente são os ciclos biogeoquímicos.

12. A densidade populacional é a razão entre o número de indivíduos e a área ou volume que ocupam; a imigração, a emigração e as taxas de natalidade e mortalidade são fatores que podem influenciá-la.

13. Em todo ambiente existem fatores que controlam o tamanho da população. Eles determinam a capacidade de suporte do ambiente.

14. Áreas descobertas podem ser colonizadas pelo processo de sucessão ecológica primária (em áreas onde não havia formas de vida) ou secundária (em áreas que foram alteradas ou destruídas).

15. Entre os atuais problemas ambientais mundiais estão as mudanças climáticas (relacionadas ao aquecimento global), as chuvas ácidas, a inversão térmica, as erosões e a eutrofização.

16. O modelo do desenvolvimento sustentável busca conciliar o suprimento das necessidades humanas no presente com a preservação dos recursos naturais disponíveis às futuras gerações; possui dimensões ecológica, social e econômica.

LER, COMPREENDER E ESCREVER

Painel alerta para a migração de espécies

Mortalidade maior de árvores, migração de espécies, extinção. Esses são alguns dos piores prognósticos para o que vai acontecer com a biodiversidade do planeta diante do aumento da temperatura e das mudanças do clima.

O alerta deve aparecer no relatório sobre impactos, vulnerabilidades e adaptação, que será divulgado [...] pelo Painel Intergovernamental de Mudanças Climáticas (IPCC) em Yokohama, no Japão [mar. 2014]. De acordo com uma versão preliminar do documento, que vazou na internet, "uma grande fração de espécies, tanto terrestres quanto de água doce, enfrenta um aumento do risco de extinção diante das mudanças climáticas projetadas ao longo do século 21 e depois". Isso é dito, no jargão do IPCC, com alto grau de confiança.

Para o painel, a ameaça é ainda maior quando combinada com outras pressões, como modificação do hábitat, superexploração, poluição e a presença de espécies invasoras. Já com as alterações sentidas hoje, apontam os cientistas, muitas espécies têm alterado a área de abrangência – plantas e animais estão migrando para localidades com clima mais favorável.

Em outros casos, há uma modificação na abundância das espécies – como no caso das abelhas – e em suas atividades sazonais. Isso está acontecendo em muitas regiões e vai continuar com o futuro de alteração do clima, dizem. "Mas muitas espécies serão incapazes de rastrear climas mais adequados, nos cenários de média ou mais alta mudança climática." Eles se referem a trabalhos científicos, baseados em observações e em modelagens, que mostram que existe uma velocidade máxima com a qual as espécies conseguem se mover pelas paisagens em relação à projeção da velocidade com que as temperaturas e outras alterações devem avançar por essas mesmas paisagens. Principalmente árvores, mas também muitos anfíbios e alguns pequenos mamíferos, estarão nessas condições.

GLOSSÁRIO

Jargão: palavra ou expressão usada por um determinado grupo de pessoas.

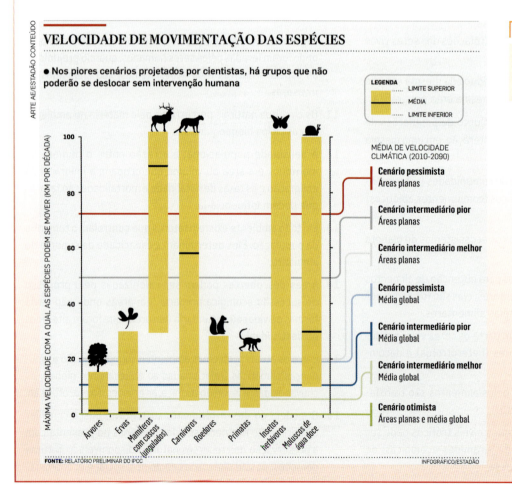

Morte de árvores

Outra alteração que já vem sendo observada e deve se intensificar com o aumento da temperatura é um alto grau de morte de árvores em todo o globo, da Amazônia à Floresta Boreal e à tundra no Hemisfério Norte. Árvores estão morrendo mais rápido do que costumava ocorrer em muitas regiões, e em alguns casos a mudança do clima, especialmente o calor e a seca, parece ser o gatilho. Mas os cientistas admitem que essa relação é difícil de estabelecer.

Para o painel, as evidências de envolvimento no declínio de florestas é mais forte nas regiões temperadas da Europa, da América do Norte e da Rússia. Nas regiões tropicais, em especial no Brasil, vários estudos mostram que após as duas grandes secas recentes da Amazônia, em 2005 e em 2010, a mortalidade de árvores foi bem mais alta, mostrando que há um limiar da floresta para esses eventos. Mesmo com a queda expressiva da taxa de desmatamento desde 2008, condições extremas de seca aliadas ao fogo – comumente usado por agricultores na região – podem ser cruciais para a vegetação e, por consequência, para as espécies que dependem dela.

Um dos autores desses trabalhos mencionados no relatório do IPCC é o pesquisador Britaldo Soares-Filho, da Universidade Federal de Minas Gerais, especialista na dinâmica da floresta. Ele comenta que estudos mais recentes [...] revelam a interação entre seca e fogo, levando a um aumento abrupto na mortalidade das árvores.

[...]

Tundra

O capítulo que trata do assunto mostra que a morte de árvores está disseminada pelo planeta. Chama a atenção o que ocorre no ecossistema boreal e de tundra, no Hemisfério Norte. No último relatório do IPCC, de 2007, ele parecia que estava ficando mais verde. Imaginava-se que a floresta estava migrando para áreas com menos neve. [...] A morte de árvores tem um efeito ainda mais problemático, que é a realimentação do efeito estufa, o principal responsável pelas mudanças do clima. As florestas absorvem uma quantidade enorme de carbono em seus troncos, folhas e debaixo do solo. Quando elas morrem, isso acaba sendo eliminado para a atmosfera, aumentando a concentração de gases de efeito estufa.

Na grande seca de 2005, a perda massiva de biomassa levou a uma liberação estimada de 5 bilhões de toneladas de CO_2, mostrou um estudo publicado na revista *Science* em 2009.

De acordo com Nepstad, estima-se que as árvores contenham cerca de 90 bilhões de toneladas de CO_2 armazenado. "É quase uma década do que a população libera por ano, que é de cerca de 10 bilhões."

Fonte: GIRARDI, G. Disponível em <http://sustentabilidade.estadao.com.br/noticias/geral,painel-alerta-para-migracao-de-especies,1146757>. **Acesso em:** jun. 2014.

Atividades

Interpretar

1. De acordo com o texto, quais são os fatores responsáveis pelo risco de extinção das espécies?
2. Quais são as mudanças já percebidas como consequência das diversas alterações sentidas nos dias atuais?
3. Por que as árvores, os anfíbios e os pequenos mamíferos podem ser considerados grupos especialmente ameaçados pelas mudanças climáticas?
4. Explique como a morte das árvores contribui para o efeito estufa.

É hora de escrever

5. Redija um texto dissertativo-argumentativo com o tema "Como as ações humanas estão relacionadas com as mudanças climáticas e a perda da biodiversidade". Seu texto deve apresentar um posicionamento crítico, ou seja, seu ponto de vista fundamentado em informações que você conheça ou pesquise a respeito do assunto.

Controlar a impulsividade

Escrever é um ótimo exercício, porém, para a maioria das pessoas, é bastante difícil. Não se contente com a primeira versão do seu texto: leia, releia, faça ajustes e melhore o que for possível. Com o tempo e com a prática, expor suas ideias por escrito se tornará uma tarefa cada vez mais recompensadora.

UNIDADE 4
REPRODUÇÃO HUMANA E SEXUALIDADE

POR QUE ESTUDAR ESTA UNIDADE?

A adolescência é uma fase da vida marcada por mudanças, como a sexualidade e as transformações corporais que diferenciam ainda mais meninos de meninas. Essas novidades podem ser muito prazerosas, mas também despertam dúvidas e alguma insegurança diante do desconhecido. O estudo da reprodução humana permite-nos conhecer melhor o próprio corpo e o daqueles, ou daquelas, com quem podemos nos relacionar; orienta-nos sobre como evitar uma gravidez indesejada e a nos proteger contra doenças sexualmente transmissíveis. Permite, enfim, que possamos desfrutar plenamente desse momento, sem deixar a saúde de lado.

Casal na maternidade admirando o bebê recém-nascido.

TEMA 1

Reprodução animal

Os animais podem gerar descendentes por reprodução assexuada ou sexuada.

A função reprodutiva

A capacidade de reprodução é uma característica muito evidente e marcante dos seres vivos, sendo responsável pela geração de novos indivíduos, pela transmissão de características hereditárias e, assim, pela continuidade da espécie.

Existem dois tipos de reprodução animal: a assexuada e a sexuada.

Reprodução assexuada

Na reprodução assexuada, um único indivíduo é capaz de gerar descendentes. A partenogênese e o brotamento são exemplos de reprodução assexuada nos animais.

- **Partenogênese**. O novo organismo desenvolve-se de um óvulo não fecundado. Ocorre em algumas espécies de invertebrados, como abelhas e escorpiões, e de vertebrados, como alguns peixes, anfíbios e répteis.
- **Brotamento**. Na superfície do organismo forma-se um broto que, em seguida, pode se separar, dando origem a um organismo independente. O brotamento ocorre em corais e hidras.

Reprodução sexuada

Os seres vivos que se reproduzem sexuadamente dão origem a novos indivíduos por meio da fecundação, que é a união das **células reprodutivas** ou **gametas masculinos** e **femininos**.

Na fecundação externa, os animais liberam os gametas no ambiente, onde ocorre a união entre eles. Alguns peixes e anfíbios, por exemplo, liberam seus gametas na água. Na fecundação interna, a união dos gametas ocorre dentro do corpo de um dos genitores, como ocorre com os mamíferos e as aves. Vamos estudar, nas próximas páginas, a reprodução e a sexualidade humanas.

No acasalamento de sapos (*Rana temporaria*), o macho abraça a fêmea e ambos liberam os gametas na água.

Saiba mais!

A REPRODUÇÃO COMO CRITÉRIO PARA DEFINIR A VIDA

Embora a capacidade de reprodução seja uma característica dos seres vivos, nem todos os organismos que consideramos vivos geram descendentes. A mula (resultado do cruzamento de um jumento com uma égua) é estéril, de modo que não consegue se reproduzir naturalmente.

Por outro lado, os vírus e os príons somente podem multiplicar-se no interior de células hospedeiras. A maior parte da comunidade científica não os considera seres vivos, pois sua reprodução depende, obrigatoriamente, de espécies das quais eles são parasitas.

131

TEMA 2

A adolescência

A adolescência envolve mudanças no corpo e no comportamento das pessoas.

O corpo dos adolescentes passa por diferentes transformações na puberdade. Para muitos, essas mudanças são aguardadas com ansiedade.

Quem é adolescente?

A Organização Mundial de Saúde define adolescência como o período de vida entre 10 e 19 anos. Essa etapa de transição entre a infância e a idade adulta tem características muito próprias.

A puberdade

No início da adolescência, em geral entre 10 e 14 anos, começam a ocorrer diversas transformações físicas no corpo de meninos e meninas, além do crescimento em altura. Esse conjunto de transformações físicas é chamado de **puberdade**.

Na puberdade, as gônadas, que são os **testículos** dos meninos e os **ovários** das meninas, passam a secretar os hormônios sexuais. Os hormônios são substâncias químicas produzidas por diversas glândulas do corpo humano. Eles são lançados na corrente sanguínea, circulam pelo organismo e agem provocando efeitos específicos.

Os hormônios sexuais são a **testosterona**, no caso dos homens, e o **estrógeno** e a **progesterona**, no caso das mulheres. Essas substâncias provocam o desenvolvimento de **características sexuais secundárias** masculinas e femininas (conheça algumas na tabela abaixo).

A adolescência exige maiores cuidados com o corpo e atenção à higiene. Os hormônios sexuais agem sobre as glândulas sudoríparas, causando aumento da transpiração e, com ele, a proliferação de bactérias, principalmente nas axilas e nos pés. A pele se torna mais oleosa, fazendo com que surjam cravos e espinhas. Já o crescimento de pelos nas axilas e nas regiões genitais facilita o acúmulo de sujeira.

PRINCIPAIS MUDANÇAS FÍSICAS PROVOCADAS PELOS HORMÔNIOS SEXUAIS NA PUBERDADE	
Meninas	**Meninos**
• Iniciam-se por volta dos 10 ou 11 anos, completando-se geralmente aos 16.	• Iniciam-se por volta dos 12 ou 13 anos, completando-se geralmente aos 17 ou 18.
• Aparecimento de pelos pubianos.	• Aparecimento de pelos pubianos.
• Aparecimento de pelos nas axilas.	• Aparecimento de pelos faciais, nas axilas e no peito.
• Desenvolvimento das mamas.	• Fortalecimento da musculatura.
• Alargamento do quadril.	
• Amadurecimento do sistema genital.	• Engrossamento da voz.
• Início da menstruação.	• Amadurecimento do sistema genital.

JUPITERIMAGES/ GETTY IMAGES

Reprodução proibida. Art. 184 do Código Penal e Lei 9.610 de 19 de fevereiro de 1998.

A sexualidade

Durante a adolescência, os hormônios sexuais não promovem apenas transformações corporais, mas também são um dos fatores que contribuem para as mudanças de comportamento e sentimentos que ocorrem nessa etapa da vida. A manifestação da sexualidade envolve questões emocionais e sociais, que vão muito além do ato sexual em si.

A sexualidade envolve o desejo por outras pessoas; a vontade de namorar; a formação de novos laços afetivos e a descoberta de novas formas de carinho; o cuidado e o respeito para com os outros e para consigo próprio. Ao mesmo tempo, a sexualidade pode ser fonte de dúvidas e conflitos, tanto pessoais como sociais.

Para que o início da vida sexual seja seguro e prazeroso, a pessoa deve buscar informações para que se sinta preparada. Não há um momento determinado para que isso aconteça. O mais importante é descobrir a si mesmo e respeitar o próprio ritmo. Nessa fase, todo mundo tem medos e inseguranças, mesmo que não demonstre.

> **Entrando na rede**
>
> No endereço da internet <http://www.adolescencia.org.br> você encontra informações sobre sexualidade e reprodução voltadas a adolescentes.
> **Acesso em**: maio 2014.

Durante a adolescência ocorrem mudanças no comportamento e nas relações sociais. É comum, por exemplo, que os jovens se tornem mais próximos uns dos outros.

A vida social

A adolescência também é uma etapa em que as pessoas passam a ter maior autonomia e a fazer escolhas, o que implica assumir responsabilidades e avaliar os riscos e benefícios de suas decisões. Em meio às instituições sociais, como escola, religião, comunidade, família e amigos, o adolescente passa a posicionar-se em relação a suas preferências e a assumir novos modos de participação na vida coletiva.

Nessa fase da vida também surgem novas considerações em relação ao futuro. O adolescente passa a pensar no que deseja para si mesmo e para o mundo. Os projetos de vida se constroem aos poucos e vão sofrendo modificações à medida que o tempo passa.

> **Saiba mais!**
>
> **RITUAIS INDÍGENAS DE INICIAÇÃO**
>
> Em muitos povos indígenas brasileiros ocorrem rituais de iniciação que marcam a passagem para a vida adulta. Ao completar o ritual, o adolescente é considerado pronto para formar uma família, ter filhos e arcar com outras responsabilidades.
>
> Em alguns grupos, essa passagem pode envolver um longo período de reclusão das mulheres, no qual elas ficam confinadas na casa da família, onde ouvem muitas histórias e conversam com as mulheres mais velhas, preparando-se para a vida adulta. Entre os homens, os rituais de iniciação costumam exigir provações físicas e emocionais, além de tarefas para que eles fixem conhecimentos, valores e crenças tradicionais de seu grupo.
>
>
>
> Adolescente indígena da etnia Kuikuro, reclusa em sua oca durante o ritual de passagem para a vida adulta. (Mato Grosso, 2012.)

TEMA 3

O comportamento sexual

As formas de manifestação da sexualidade variam entre os indivíduos e de uma sociedade para outra.

Cultura e sexualidade

O desenvolvimento de todo ser humano ocorre em sociedades que têm sua cultura específica. Desde que nascemos interagimos com pessoas que nos ensinam, por exemplo, a língua falada e escrita, o modo de se vestir e um conjunto de crenças e valores. Aprendemos quais são os comportamentos considerados "certos" e "errados" para diversas situações, embora eles se modifiquem com o passar do tempo; costumes que em certas épocas causariam espanto, hoje em dia podem ser amplamente aceitos. O inverso também acontece.

Com a sexualidade não é diferente. O comportamento sexual das pessoas varia entre as culturas e se transforma ao longo do tempo. Além disso, os indivíduos de um mesmo grupo cultural também são diferentes entre si. Cada ser humano tem uma identidade própria e deve ser livre para fazer escolhas pessoais, desde que elas não impeçam o direito dos outros de fazerem o mesmo.

No entanto, nem sempre o direito de liberdade das pessoas é respeitado. Há pessoas cujos costumes e preferências são considerados "fora do padrão" e que acabam sendo vítimas de discriminação, que se manifesta de diversos modos. Toda forma de preconceito deve ser combatida. A tolerância e o respeito à diversidade podem assim tomar o lugar da violência e do sofrimento.

Diversos movimentos sociais lutam pelo respeito à diversidade de comportamento sexual dos seres humanos, como o que organiza a Parada do Orgulho LGBT (Lésbicas, Gays, Bissexuais, Travestis e Transexuais), em São Paulo. (São Paulo, 2014.)

Sexo biológico e identidade de gênero

O sexo biológico dos indivíduos é determinado por seu sistema genital. São as estruturas do organismo que, portanto, diferenciam machos e fêmeas. Em casos raros, pode ocorrer um desenvolvimento intermediário, que resulta no hermafroditismo.

Cada sociedade tem um conjunto de expectativas em torno do comportamento dos indivíduos de cada sexo. De modo geral, espera-se que os garotos aprendam a exercer os papéis "masculinos" e as garotas, os papéis "femininos", e que se identifiquem com eles. O comportamento esperado para homens e mulheres constitui os gêneros masculino e feminino.

O comportamento ligado ao gênero está associado, por exemplo, à preferência por brincadeiras "de meninos" ou "de meninas" e, mais tarde, a profissões, atividades domésticas, linguagem e vestimentas consideradas "adequadas" e "inadequadas" para homens e mulheres. Essas concepções são culturais, isto é, não dependem do sexo biológico; são construídas pelos seres humanos, variam entre as sociedades e se transformam ao longo da história.

O futebol e a culinária já foram atividades associadas aos gêneros masculino e feminino, respectivamente. Hoje em dia são comumente associados a pessoas de ambos os sexos. (**A**) Meninas disputando uma partida de futebol. (**B**) Homem preparando uma refeição.

Orientação sexual

O termo orientação sexual refere-se aos desejos afetivos e sexuais de cada pessoa. De modo simplificado, o desejo pode se direcionar a pessoas do sexo oposto (heterossexualidade), a pessoas do mesmo sexo (homossexualidade) ou a pessoas de ambos os sexos (bissexualidade).

Como outros comportamentos, a orientação sexual se define pela interação de diversos fatores ao longo da vida, mas não existem conclusões definitivas sobre suas causas.

A orientação sexual é uma escolha pessoal que, seja qual for, permite viver a sexualidade de forma prazerosa e saudável. Não existem comportamentos "normais" e, por essa razão, a homossexualidade e a bissexualidade não são doenças ou desvios, mas sim variações da sexualidade humana.

GLOSSÁRIO

Hermafroditismo: condição dos indivíduos que possuem estruturas genitais masculinas e femininas, sejam elas completas ou incompletas. As causas do hermafroditismo são genéticas.

Saiba mais!

PESQUISA SOBRE A INFLUÊNCIA CULTURAL NO COMPORTAMENTO SEXUAL

Na primeira metade do século XX, dois importantes antropólogos ajudaram a compreender as relações entre sexualidade e cultura.

Nos anos 1920, o polonês Bronislaw Malinowski (1884-1942) descreveu a vida sexual dos habitantes das Ilhas Trobriand, no Oceano Pacífico. Práticas como sexo antes do casamento e relações sexuais com pessoas do mesmo sexo, consideradas imorais pela sociedade europeia, eram costumes incorporados à vida daquele povo.

Nos anos 1930, a estadunidense Margareth Mead (1901-1978) estudou o tipo de temperamento aceito para homens e mulheres em três povos da Nova Guiné. Em um deles, a personalidade dócil era a mais valorizada para ambos os sexos; em outro, homens e mulheres costumavam ter uma postura agressiva nas relações sociais; no terceiro, os homens costumavam ser gentis e as mulheres, mais hostis.

Esses estudos mostraram que as práticas e os valores referentes à sexualidade estão profundamente relacionados à cultura de cada grupo social.

Entrando na rede

No endereço da internet <http://www.fcc.org.br/conteudos especiais/difusaoideias/pdf/materia_muito_alem_do_sexo_biologico.pdf> você encontra o texto "Muito além do sexo biológico", de Albertina Costa, que trata das influências culturais sobre a vida sexual.

Acesso em: maio 2014.

ATIVIDADES

TEMAS 1 A 3

ORGANIZAR O CONHECIMENTO

1. Explique a diferença entre reprodução sexuada e assexuada.

2. Qual é a relação entre puberdade e adolescência?

3. De que modo os hormônios sexuais dão início às transformações que acontecem na puberdade?

4. Defina o que são sexo biológico, identidade de gênero e orientação sexual.

ANALISAR

5. Geralmente, a quantidade de gametas produzidos por animais que se reproduzem por fecundação externa deve, em geral, ser maior do que a quantidade liberada por espécies com fecundação interna. Explique a importância desse fato para a continuidade das espécies.

6. Até o século XIX, as mulheres eram proibidas de cantar nos coros das igrejas. Em alguns países europeus, para que os coros tivessem vozes femininas, extraíam-se os testículos de meninos cantores antes da puberdade. Por que esses meninos permaneciam com a voz tipicamente feminina?

7. Por que podemos afirmar que a sexualidade é algo mais amplo do que o ato sexual?

8. Observe as imagens.

Consumidora carioca em uma loja (**A**). Mulher afegã segurando seu filho pela mão (**B**).

A identidade de gênero não é natural, mas construída socialmente. Com base nas imagens acima, explique essa afirmação com suas próprias palavras.

9. Todas as pessoas podem ser alvo de discriminação e preconceito, que podem ser dirigidos a características diversas, por exemplo: cor da pele, local de origem, condição social e orientação sexual. Leia o texto a seguir, que comenta sobre preconceito contra homossexuais.

Basicamente ninguém escolhe um amigo pela sua orientação sexual, mesmo porque se fala muito pouco de sexualidade no começo das amizades. Todavia, o contrário não é incomum: uma amizade pode ser completamente desprezada no momento em que se descobre que a/o amiga/o se sente atraída/o e vive um relacionamento com alguém do mesmo sexo. E mais do que isso... as formas de expressão do preconceito são mais perversas e cruéis do que se imagina. São traduzidas através da ridicularização, da indiferença, do ostracismo, do afastamento sutil e deliberado, do isolamento social. Parece que um surto de amnésia toma conta dos indivíduos que, num simples toque de mágica, 'esquecem' todas as inúmeras qualidades que aquela pessoa reúne (porque ela ainda as têm) e que possibilitou a amizade e admiração anteriores.

Fonte: *Mitos e tabus da sexualidade humana*, de J. Furlani. Belo Horizonte: Autêntica, 2003.

GLOSSÁRIO

Ostracismo: isolamento, esquecimento, exclusão.

a) Você já presenciou (ou ouviu falar de) situações de discriminação e preconceito na escola ou em outro ambiente? Elas foram dirigidas a que tipo de característica?

b) Leia uma das possíveis definições para o termo "estereótipo": "imagem preconcebida de alguém ou algo, baseada num modelo ou numa generalização" (*míni Houaiss,* editora Objetiva). Na sua opinião, qual é a relação entre o "surto de amnésia" de que fala o texto e o estereótipo que muitas pessoas fazem sobre os/as homossexuais? Reflita sobre sua resposta antes de escrevê-la.

10. O termo "metrossexual" foi criado para designar homens que se preocupam com a aparência, cuidando do cabelo, das unhas, da roupa etc. Em 2004, um jornal fez uma lista de jogadores de futebol considerados "metrossexuais". Um dos eleitos declarou, ao ser questionado a respeito: "Eu sou homem, eu sou macho, eu gosto de mulher! Os outros da lista não sei do que gostam".

a) Qual o significado do termo "macho" na afirmação do jogador?
b) Construa uma hipótese sobre as razões que teriam levado o jogador a tomar a condição de "metrossexual" como sinônimo de homossexual. Procure considerar diferentes pontos de vista, além do seu: das pessoas do meio esportivo, dos espectadores e outros que puder imaginar.
c) Na sua opinião, a resposta do jogador foi preconceituosa?

11. Analise o gráfico abaixo. Ele apresenta dados relativos às respostas de homens que participaram da SampaCentro – pesquisa sobre discriminação realizada entre novembro de 2011 e janeiro de 2012 no centro da cidade de São Paulo.

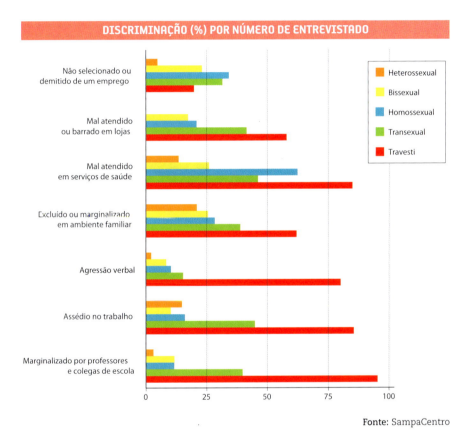

Fonte: SampaCentro

Os resultados acima, referentes a esse grupo de entrevistados, permitem concluir que existe discriminação a pessoas com determinadas orientações sexuais? Justifique sua resposta com dados da pesquisa.

COMPARTILHAR

12. Em grupo, preparem um roteiro de entrevista sobre transformações e permanências do comportamento sexual ao longo dos anos. O grupo deverá entrevistar três pessoas com idade mínima de 50 anos. As questões podem abordar temas como o papel social de homens e mulheres, namoro, casamento, mídia, entre outros, sempre solicitando comparações entre a condição de gênero e a sexualidade no passado e no presente. As entrevistas deverão ser filmadas e analisadas pelo grupo, que deve preparar um comentário oral relacionando-as ao conteúdo estudado até o momento. Esse comentário também deve ser filmado e inserido na sequência das entrevistas. Apresentem o trabalho para os colegas e assistam aos que eles produziram.

TEMA 4
Sistemas genitais

Os sistemas genitais participam do ato sexual e são responsáveis pela reprodução.

O sistema genital masculino

O sistema genital masculino é um conjunto de órgãos responsáveis pela produção de esperma e por sua transferência, durante o ato sexual, para o interior do sistema genital feminino. Externamente, os órgãos visíveis são o pênis e o escroto. Internamente, existe um conjunto de ductos e de glândulas anexas.

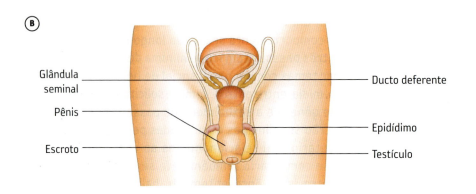

SISTEMA GENITAL MASCULINO

(A) Bexiga urinária, Próstata, Uretra, Glande, Prepúcio, Glândula seminal, Ducto ejaculatório, Glândula bulbouretral, Ducto deferente, Epidídimo, Testículo, Escroto.

(B) Glândula seminal, Pênis, Escroto, Ducto deferente, Epidídimo, Testículo.

Esquema mostrando os principais componentes do sistema genital masculino, em corte. (**A**) Vista lateral. (**B**) Vista frontal. A bexiga urinária está indicada no esquema, mas não faz parte do sistema genital masculino. (Imagens sem escala; cores-fantasia.)

Fonte: GUYTON, A. C.; HALL, J. E. *Tratado de fisiologia médica*. 11. ed. Rio de Janeiro: Elsevier, 2006.

- **Pênis**. É o órgão copulador masculino. É atravessado pela **uretra**, que é o canal por onde a urina e o esperma são eliminados. Em torno da uretra existe um tecido musculoso e a **glande**, que é a extremidade do pênis. Ela é recoberta por uma dobra de pele chamada **prepúcio**. Durante a excitação sexual, os tecidos do pênis são preenchidos por sangue, o que provoca aumento em seu volume e o torna ereto.
- **Escroto**. Também chamado saco escrotal, é uma bolsa de pele que envolve e protege as duas gônadas masculinas denominadas **testículos**. Cada testículo é formado por centenas de pequenos tubos enovelados, os **túbulos seminíferos**, que, a partir da puberdade, produzem os gametas masculinos, chamados **espermatozoides**. Os testículos também produzem a testosterona, que é o hormônio sexual masculino. Acima de cada testículo há um pequeno tubo enrolado, o **epidídimo**, no qual os espermatozoides finalizam sua maturação e ficam armazenados.

ESTRUTURA DO TESTÍCULO

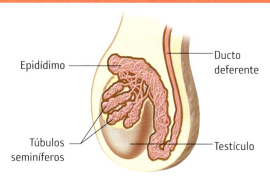

Esquema de um testículo em corte evidenciando os túbulos seminíferos que o compõem. (Imagem sem escala; cores-fantasia.)

Fonte: PARKER, S. *The human body book*: an illustrated guide to its structure, function and disorders. Londres: Dorling Kindersley, 2007.

- **Ductos genitais**. São tubos musculares que transportam os espermatozoides. Os **ductos deferentes** recebem os espermatozoides dos epidídimos e os transferem para os **ductos ejaculatórios**, que desembocam na uretra.

Saiba mais!

OS ESPERMATOZOIDES

As células reprodutivas masculinas foram descobertas no século XVII, pelo naturalista holandês Antony van Leeuwenhoek (1632-1723). Utilizando um microscópio simples, composto de uma lente única, Leeuwenhoek conseguia obter imagens nítidas, ampliadas em até 300 vezes. Foi assim que, em uma gota do próprio esperma, observou pela primeira vez os espermatozoides.

Hoje sabemos que as células reprodutivas masculinas possuem uma cabeça, na qual fica o núcleo contendo o material genético, e também um flagelo, cujos batimentos são responsáveis pela movimentação do espermatozoide. Essas células se nutrem de substâncias contidas em secreções das glândulas seminais e da próstata, que compõem o esperma.

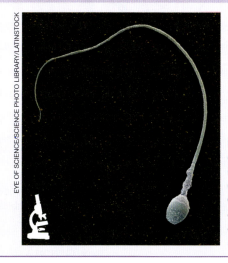

Micrografia de um espermatozoide. (Imagem obtida com microscópio eletrônico, colorizada artificialmente e com aumento de cerca de 2.650 vezes.)

- **Glândulas seminais e próstata**. Produzem secreções que contêm nutrientes para os espermatozoides e substâncias que neutralizam a acidez da vagina. O conjunto formado por esses líquidos seminais e pelos espermatozoides constitui o **esperma** (ou sêmen). As **glândulas bulbouretrais** produzem uma secreção que limpa e lubrifica a uretra.

Ejaculação

Estímulos sexuais fazem com que ocorra a ejaculação, que é a liberação do esperma através do orifício do pênis.

Nesse processo, os músculos das paredes dos ductos genitais e das glândulas contraem-se e o esperma é empurrado para o exterior. Normalmente, a ejaculação é acompanhada por uma sensação prazerosa, o orgasmo. Em uma ejaculação são liberados, em média, entre 2 mL e 5 mL de esperma, contendo aproximadamente 200 a 500 milhões de espermatozoides.

O sistema genital feminino

Os órgãos que formam o sistema genital feminino são responsáveis pela produção dos gametas femininos, os **ovócitos**, e pela gestação do embrião, depois chamado de feto, até o momento do parto.

A parte externa do sistema genital feminino é formada pelo **pudendo feminino** (chamado anteriormente de vulva). A parte interna é composta de **vagina**, **útero**, **tubas uterinas** e **ovários**.

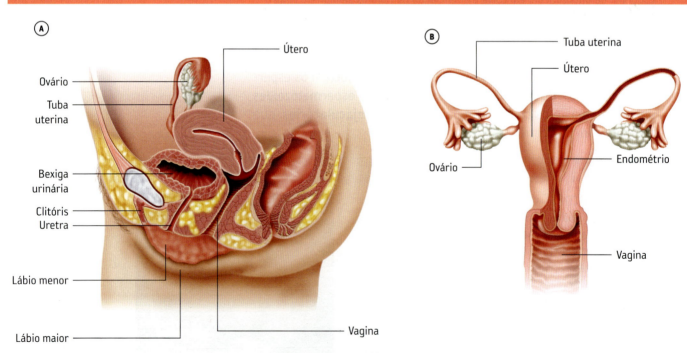

SISTEMA GENITAL FEMININO

Esquemas mostrando os principais componentes do sistema genital feminino em corte. (**A**) Vista lateral. (**B**) Vista frontal. A bexiga urinária e a uretra estão indicadas no esquema, mas não fazem parte do sistema genital feminino. (Imagens sem escala; cores-fantasia.)

Fonte: GUYTON, A. C.; HALL, J. E. *Tratado de fisiologia médica*. 11. ed. Rio de Janeiro: Elsevier, 2006.

- **Pudendo feminino**. É circundado do lado de fora pelos **lábios maiores**, que são dobras grossas de pele e tecido adiposo. Mais internamente localizam-se os **lábios menores**, que são dobras mais delicadas de pele. Juntos, eles protegem a uretra, o clitóris e a abertura vaginal.

O **clitóris** é um pequeno órgão com um tecido erétil que, durante o ato sexual, se enche de sangue e fica intumescido. Sua estimulação está relacionada ao prazer feminino no ato sexual.

A abertura da uretra está localizada entre o clitóris e a abertura da vagina. No entanto, a uretra feminina não faz parte do sistema genital. Sua função exclusiva é conduzir a urina da bexiga até o exterior do corpo.

- **Vagina**. É um canal que comunica o pudendo com o útero. O estímulo sexual faz com que algumas glândulas secretem um líquido lubrificante e que a parede muscular da vagina se dilate, podendo assim acomodar o pênis.

A abertura da vagina é recoberta por uma membrana perfurada chamada **hímen**, que normalmente se rompe na primeira relação sexual. O fluxo menstrual e o nascimento do bebê por parto natural ocorrem através da vagina.

- **Útero**. Órgão muscular, oco, cuja principal função é acomodar o embrião durante a gestação. A cada ciclo menstrual, a parede do útero desenvolve uma camada chamada **endométrio**, que é um tecido rico em capilares sanguíneos, que protege e nutre o embrião durante o seu desenvolvimento. Quando não ocorre a gestação, o endométrio descama e é eliminado na menstruação.
- **Tubas uterinas**. Antigamente chamadas trompas de falópio, são dois ductos que conectam o útero até a região dos ovários. É nas tubas que pode ocorrer a fecundação.
- **Ovários**. São as duas gônadas femininas, estruturas ovoides que têm a função de produzir os gametas femininos (ovócitos) e os hormônios sexuais femininos, o estrógeno e a progesterona.

Reações do organismo nas relações sexuais

Biologicamente, o sexo tem a função de garantir a reprodução dos seres vivos, e a sensação de prazer nas relações sexuais ajuda a tornar esse ato atrativo para homens e mulheres. A espécie humana é a única entre os demais animais a manter relações sexuais sem a finalidade reprodutiva, visando apenas o bem-estar físico e emocional.

Não são apenas os órgãos genitais que apresentam reações durante uma relação sexual. O sistema nervoso envia ordens para que as frequências cardíaca e respiratória aumentem, levando sangue com gás oxigênio aos músculos. Há liberação do hormônio adrenalina, que dilata os vasos sanguíneos da superfície da pele, fazendo com que ela fique vermelha, quente e arrepiada.

Homens e mulheres podem ter orgasmos, que é a sensação intensa de prazer durante as relações sexuais. Porém, nos homens, o orgasmo coincide com a ejaculação.

As sensações físicas também não se restringem aos órgãos genitais. O corpo de cada pessoa tem outras partes sensíveis que, quando estimuladas, podem gerar prazer.

Aos poucos, cada indivíduo vai conhecendo o próprio corpo, o que ajuda a tornar as relações mais prazerosas.

Audiovisual

Gametogênese humana

Entrando na rede

No endereço da internet <http://www.virtual.epm.br/cursos/apresentacao/sexport.htm> você encontra informações sobre os sistemas genitais masculino e feminino.

Acesso em: maio 2014.

TEMA 5

O ciclo menstrual

Durante a idade fértil, o corpo das mulheres se prepara periodicamente para uma possível gravidez.

Ciclo ovariano

A fase reprodutiva da mulher se estende, aproximadamente, dos 12 aos 50 anos. Seu início é marcado pela **menarca**, como é chamada a primeira menstruação. Desde então, passam a ocorrer os **ciclos ovarianos** ou **ciclos menstruais**. Eles duram, em média, 28 dias. Considera-se que o ciclo começa no primeiro dia da menstruação.

Em cada ciclo ocorre a **ovulação**, que é a liberação do ovócito de um dos ovários para a tuba uterina; geralmente apenas um ovócito é liberado a cada ciclo. Se houver espermatozoides, é na tuba uterina que ocorre o encontro dos gametas, chamado fecundação. A cada ciclo, o útero também se prepara para uma possível gravidez. Os vasos sanguíneos do endométrio se proliferam, tornando-o mais espesso para receber o embrião.

No caso de um ciclo de 28 dias, a ovulação acontece, aproximadamente, no 14º dia. Na tuba uterina, o ovócito pode sobreviver por até 48 horas, período durante o qual pode ser fecundado.

Se a mulher não engravidar, por volta do 28º dia, o útero começa a se contrair, o endométrio descama e é eliminado na menstruação, dando início a um novo ciclo.

Os ciclos menstruais sucedem-se até o **climatério**, período de transição para o período não reprodutivo da vida de uma mulher. Essa fase que marca o término da atividade reprodutiva feminina é chamada de **menopausa**.

Considere um ciclo menstrual de 28 dias que teve início no dia 2 de maio. A ovulação acontecerá por volta do dia 15 e um novo ciclo terá início no dia 29.

👆 Animação
Ciclo menstrual

Saiba mais!

AS CÓLICAS MENSTRUAIS

No início dos ciclos menstruais, é comum surgirem cólicas e dores abdominais. Elas ocorrem como consequência das contrações do útero, que fazem com que o endométrio se desprenda.

Na maioria das vezes, as cólicas menstruais não indicam nenhum problema e compressas quentes podem ajudar a diminuir a sensação desagradável. Caso, porém, o incômodo seja constante ou muito forte, é aconselhável consultar um profissional de saúde.

MAIO 2015						
					1	2
3	4	5	6	7	8	9
10	11	12	13	14	15	16
17	18	19	20	21	22	23
24	25	26	27	28	29	30
31						

Início da menstruação: primeiro dia do ciclo menstrual.

Provável dia da ovulação

Início da menstruação: recomeça um novo ciclo menstrual.

O primeiro dia do ciclo é o primeiro dia da menstruação. O sangramento pode durar de 4 a 7 dias. Ao término da menstruação, o útero começa a se preparar para uma possível gestação. No meio do ciclo, ocorre a ovulação. Nesse exemplo, como não houve a fecundação, no dia 29 ocorreu outra menstruação, dando início a um novo ciclo menstrual.

Reprodução proibida. Art. 184 do Código Penal e Lei 9.610 de 19 de fevereiro de 1998.

Controle hormonal do ciclo menstrual

O ciclo menstrual ocorre como consequência da variação da concentração de hormônios produzidos pela hipófise e pelos ovários.

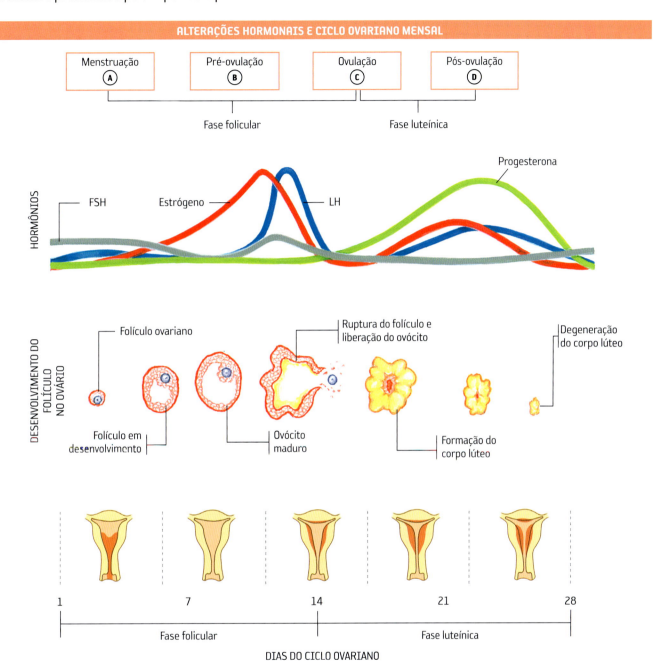

(Imagens sem escala; cores-fantasia.)

(A) (Menstruação): No início do ciclo menstrual, a hipófise começa a produzir o hormônio estimulador do folículo (FSH), que age sobre os ovários, provocando o desenvolvimento do folículo ovariano, formado pelo ovócito e por camadas de células que o envolvem.

(B) (Pré-ovulação): O folículo passa a produzir estrógeno, hormônio que provoca a proliferação de vasos sanguíneos do endométrio, tecido que começa a se tornar espesso, preparando-se para receber um possível embrião. O estrógeno faz com que a hipófise produza grande quantidade de FSH e também de hormônio luteinizante (LH).

(C) (Ovulação): O FSH e o LH provocam a ovulação. Nesse processo, geralmente apenas um ovócito é liberado e passa para a tuba uterina.

(D) (Pós-ovulação): O restante do folículo permanece no ovário e, por efeito do hormônio LH, transforma-se no corpo lúteo, ou corpo amarelo, que produz estrógeno e progesterona, outro hormônio que estimula o desenvolvimento do endométrio, preparando-o para uma possível gestação.

O aumento da taxa de progesterona faz com que a hipófise diminua a produção de LH. Assim, o corpo lúteo degenera e, portanto, cai a taxa de progesterona e estrógeno. O endométrio descama e parte dele é eliminada pela menstruação.

TEMA 6

Gravidez e parto

Da fecundação ao nascimento, o corpo da mulher protege e nutre o filho que está por vir.

Fecundação

A fusão dos gametas masculino e feminino marca o início do desenvolvimento do embrião. Com a ejaculação, os milhões de espermatozoides lançados na vagina durante o ato sexual iniciam o trajeto em direção ao útero e à tuba uterina. A maioria deles morre no caminho em consequência da acidez natural do organismo feminino. Algumas centenas atingem o ovócito na tuba uterina, mas apenas um vai fecundá-lo.

A cabeça dos espermatozoides possui enzimas digestivas que permitem a eles fundir sua membrana ao ovócito. Ocorre então uma reação que altera a superfície do ovócito, formando a **membrana de fecundação**, que impede a entrada de outros espermatozoides. A partir da entrada do gameta masculino no ovócito, este passa a ser chamado de óvulo.

A união do núcleo do óvulo com o núcleo do espermatozoide origina o **zigoto**, a primeira célula do novo organismo. O zigoto passa então a sofrer sucessivas divisões, que originam o embrião. O embrião continua o trajeto para o útero e, cerca de sete dias após a fecundação, ocorre a **nidação**, que corresponde à implantação do embrião no endométrio, dando início à gestação.

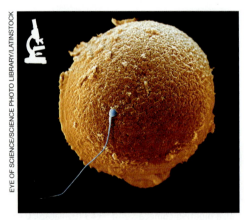

Micrografia de um espermatozoide humano no momento da fecundação no ovócito. (Imagem obtida com microscópio eletrônico, colorizada artificialmente e com aumento de 420 vezes.)

Saiba mais!

GÊMEOS

Na espécie humana, geralmente ocorre a gestação de um embrião por vez. No entanto, existe a possibilidade de desenvolvimento de dois ou mais fetos, os chamados gêmeos.

Os **gêmeos idênticos** ou **monozigóticos** formam-se pela fecundação de um único ovócito, que produz um embrião que se divide em dois no início do seu desenvolvimento. Cada grupo de células continua se desenvolvendo de forma independente, originando dois bebês do mesmo sexo e muito semelhantes fisicamente.

Os **gêmeos fraternos** ou **dizigóticos** são formados quando dois ovócitos são liberados no mesmo ciclo menstrual e fecundados por dois espermatozoides diferentes. Nesse caso, os bebês apresentam a semelhança usual de dois irmãos e podem ser de sexos diferentes.

O período fértil

Os espermatozoides vivem até três dias no corpo da mulher. Assim, relações sexuais mantidas três dias antes da ovulação podem resultar em gravidez.

Após a ovulação, o ovócito sobrevive por cerca de dois dias na tuba uterina. Relações sexuais nesse período também têm grandes chances de resultarem em fecundação e, portanto, em gravidez.

Os dias de ovulação nem sempre são regulares de um ciclo para o outro. Por esse motivo não é simples calculá-los com exatidão e segurança.

TECNOLOGIA EM PAUTA

Fertilização *in vitro*

Quando um casal não consegue engravidar mesmo após várias tentativas de concepção por relações sexuais regulares, ao longo de um período, isso pode ser um indicativo de infertilidade. Segundo a Organização Mundial da Saúde (OMS), essa condição atinge de 8% a 15% dos casais. Diante desse quadro, a demanda por técnicas de reprodução humana assistida tem crescido em todo o mundo.

A fertilização *in vitro* é uma das tecnologias utilizadas para reprodução assistida. Ela consiste na obtenção de ovócitos maduros e na sua fecundação por espermatozoides em um procedimento laboratorial. Os embriões gerados são implantados no útero materno, onde o desenvolvimento pode acontecer como em uma gravidez natural. Observe, a seguir, como é feita a técnica de fertilização *in vitro*.

1. Os ovários da mulher são estimulados a produzir grande quantidade de ovócitos. Uma amostra de sêmen do parceiro é coletada. Os espermatozoides com maior mobilidade e mais saudáveis são selecionados.

2. Por meio de uma pequena intervenção cirúrgica, os ovócitos são extraídos e transferidos para um recipiente estéril para aguardar a fertilização.

3. Os espermatozoides são colocados com os ovócitos no recipiente, onde pode ocorrer a fecundação. Se ela for bem-sucedida, o zigoto começará a se dividir. Os embriões permanecem em incubação durante as primeiras etapas de seu desenvolvimento.

4. Os embriões considerados saudáveis são selecionados e transferidos ao útero por meio de um cateter. Para a continuidade da gravidez, pelo menos um embrião deve se implantar no útero e se desenvolver. Algumas vezes, isso ocorre com mais de um embrião, gerando gêmeos.

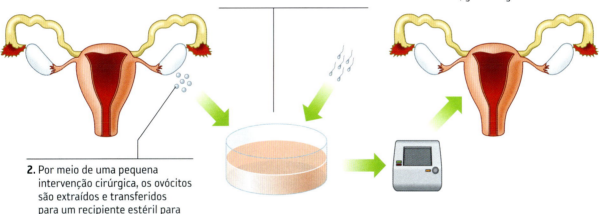

(Imagens sem escala; cores-fantasia.)

A gestação

Quando o embrião se implanta no útero, dando início à gravidez, a menstruação é interrompida e o endométrio se mantém.

Os anexos embrionários

Durante a gestação surgem estruturas, denominadas **anexos embrionários**, que protegem e nutrem o embrião durante o seu desenvolvimento.

O **âmnio** e o **cório** são anexos embrionários, formados por duas membranas que envolvem o embrião. Essas membranas são preenchidas por um fluido, o **líquido amniótico**, que protege o embrião. O cório também produz um hormônio, a **gonadotrofina coriônica**, cuja ação evita a degeneração do corpo lúteo no primeiro trimestre da gestação. Assim, ele continua produzindo estrógeno e progesterona, o que mantém o endométrio intacto.

GLOSSÁRIO

Reprodução assistida: processo de reprodução humana com intervenções de técnicas da medicina.

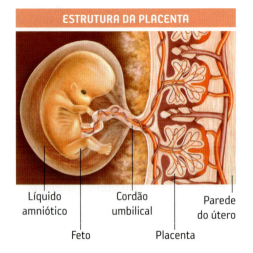

ESTRUTURA DA PLACENTA

Líquido amniótico — Cordão umbilical — Parede do útero — Feto — Placenta

O sangue do feto passa pelo cordão umbilical e chega à placenta carregando excretas e gás carbônico. Esses resíduos passam ao sangue materno, enquanto nutrientes e gás oxigênio passam ao sangue do feto, que a ele retorna pelo cordão umbilical. (imagem sem escala; cores-fantasia)

Fonte: SADAVA, D. et al. *Vida*: a ciência da biologia. 8. ed. Porto Alegre: Artmed, 2009. v. 3.

Outra estrutura que se desenvolve durante a gestação é a **placenta**, que penetra no endométrio materno. A placenta é composta de vasos sanguíneos da mãe e do feto e permite a troca de substâncias entre eles: excretas e gás carbônico passam do sangue do feto para a mãe, ao passo que nutrientes e gás oxigênio passam do sangue da mãe para o fetal. Drogas e alguns microrganismos presentes no corpo da mãe também podem passar para o sangue fetal. Apesar do contato próximo entre os vasos sanguíneos da mãe e do feto, não ocorre mistura de sangue entre eles, mas apenas troca de substâncias através da parede dos vasos sanguíneos.

A partir da 12ª semana de gestação, a placenta produz estrógeno e progesterona. Assim, ela passa a manter o endométrio, e o corpo lúteo, enfim, degenera.

O **cordão umbilical** faz a ligação entre o feto e a placenta, e é por onde passam duas artérias e uma veia. As artérias levam o sangue do embrião até a placenta e a veia traz o sangue que circulou na placenta ao embrião.

Ao longo da gestação, o embrião cresce e se desenvolve. Na 8ª semana, passa a ser chamado de feto.

DESENVOLVIMENTO DE UM FETO AO LONGO DA GESTAÇÃO

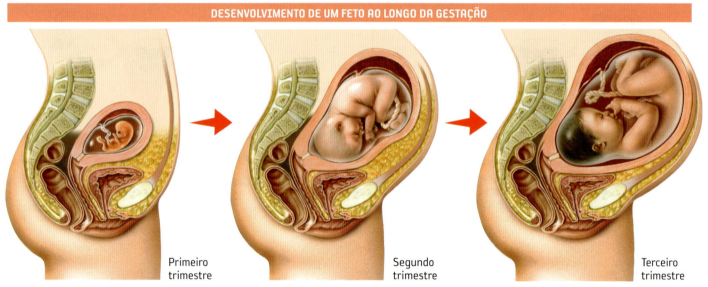

Primeiro trimestre — Segundo trimestre — Terceiro trimestre

Representação esquemática em corte lateral do organismo materno nos três trimestres da gestação mostrando as mudanças no corpo da mãe e o desenvolvimento do feto. (Imagens sem escala; cores-fantasia.)

	Primeiro trimestre	**Segundo trimestre**	**Terceiro trimestre**
Desenvolvimento do feto	Formação da cabeça, do tronco e das extremidades. Também são formados os órgãos internos, os sistemas cardiovascular, urinário e genital. No começo do terceiro mês, o coração já bate.	Amadurecimento do sistema nervoso. O feto responde a estímulos e é possível perceber seus movimentos. Os sistemas cardiovascular e urinário estão completos. A partir do quarto mês é possível reconhecer o sexo do bebê pela ultrassonografia.	Amadurecimento de todos os órgãos. O feto aumenta de tamanho e massa corpórea. Ao final do nono mês, ele se vira e fica com a cabeça encaixada na pélvis da mãe. Ele mede cerca de 50 cm e tem massa corpórea entre 2,5 e 4 quilogramas.
Mudanças maternas	Geralmente a ausência de menstruação é o primeiro sinal da gravidez. Podem ocorrer mudanças fisiológicas, como náuseas, olfato aguçado, aumento de apetite etc.	O útero se dilata e a barriga começa a aumentar de tamanho. Crescem os seios.	O crescimento do útero para acomodar o feto comprime os órgãos internos, como a bexiga e o intestino.

Fonte: PARKER, S. *The human body book*: an illustrated guide to its structure, function and disorders. Londres: Dorling Kindersley, 2007.

Parto

No parto natural, a distensão da musculatura uterina causada pelo crescimento e movimento do feto induz o corpo da mãe a iniciar o trabalho de parto. A hipófise passa a produzir um hormônio chamado **ocitocina**, que age sobre a musculatura do útero, provocando as contrações que expulsam o feto. Elas vão se tornando cada vez mais frequentes e regulares. Para a passagem do bebê, as articulações dos ossos da bacia afrouxam e a vagina se dilata. A bolsa amniótica rompe-se e as contrações dos músculos abdominais também tornam-se mais fortes, até que o bebê é empurrado através do canal da vagina. O cordão umbilical é cortado e, em seguida, a placenta é removida.

Se houver razões médicas, como possíveis riscos à mãe ou ao bebê, pode-se recorrer à cesariana. Uma incisão no abdome expõe o útero para que o bebê, a placenta e o cordão umbilical sejam retirados manualmente pelo médico.

De acordo com a Organização Mundial da Saúde (OMS), o índice de partos por cesariana não deveria ultrapassar 15%. Mas, cerca de 43,8% dos partos no Brasil são cirúrgicos. A cesariana acarreta maiores riscos de infecção e exige maior tempo de recuperação para o bebê e a mãe; por isso deve ser feita somente quando o parto natural não pode acontecer.

A gravidez na adolescência

Existem diversos problemas envolvidos nos casos de gravidez precoce.

Como o corpo da adolescente ainda está em desenvolvimento, uma gravidez nessa faixa etária traz mais riscos de doenças (como a hipertensão) e de parto prematuro.

O problema não diz respeito somente às mães. Em geral, a gravidez nessa etapa da vida não é planejada, podendo atrapalhar os estudos, a inserção no mercado de trabalho e, enfim, a realização do projeto de vida de ambos os pais.

A experiência da maternidade e da paternidade pode trazer plena realização. No entanto, o cuidado e a educação de um filho exigem dedicação e responsabilidade. Por isso é importante aprender a utilizar os métodos contraceptivos e planejar a gravidez de acordo com os projetos de cada casal.

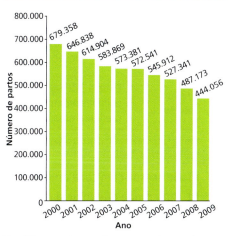

O gráfico mostra que houve queda no número de partos em adolescentes, mas os números ainda são elevados.

Fonte: Ministério da Saúde.

SAÚDE EM PAUTA

Aborto

O aborto é a interrupção da gravidez, ou seja, a morte fetal ou do embrião durante a gestação. Pode ocorrer espontaneamente, por exemplo, quando há malformação do fetal, ou ser induzido por medicamentos ou cirurgias.

No Brasil, o aborto induzido é permitido apenas em casos de gestação em que a mãe corre risco de morrer, em determinadas condições do feto ou em casos de gravidez resultante de violência sexual. Nos outros casos, é considerado crime contra a vida.

Mesmo sendo ilegal, a prática do aborto é frequente no Brasil. Os motivos incluem, por exemplo, a gravidez não desejada pelo casal, a falta de apoio da família e do parceiro e o sentimento de despreparo para assumir a nova responsabilidade. Muitas vezes, os abortos são realizados em clínicas clandestinas, sem condições apropriadas ou sem acompanhamento médico, o que pode resultar em graves complicações médicas ou até mesmo na morte da mulher.

ATIVIDADES

TEMAS 4 A 6

ORGANIZAR O CONHECIMENTO

1. Por que os testículos e os ovários são considerados gônadas?

2. Descreva o percurso dos espermatozoides e dos ovócitos desde o momento em que são produzidos nos respectivos sistemas genitais.

3. Cite algumas características sexuais secundárias de meninos e meninas. O que causa o surgimento dessas características em ambos os sexos?

4. Quais são os acontecimentos que ocorrem no ovário e no útero durante um ciclo menstrual?

ANALISAR

5. Entre os cientistas não existe consenso sobre o momento em que uma nova vida se inicia. Veja algumas opiniões.

Visão	Quando a vida começa
Visão genética	Quando ocorre a fecundação.
Visão embriológica	Na terceira semana, quando o embrião já não pode se dividir para dar origem a duas ou mais pessoas; estabelece-se assim sua individualidade.
Visão neurológica	Quando o feto apresenta atividade cerebral igual à de uma pessoa. Não há consenso sobre essa data.
Visão ecológica	Entre a 20ª e a 24ª semana de gestação, quando o feto já tem os pulmões prontos e, assim, teria condições de manter-se vivo fora do útero materno.

Fonte: Disponível em: <http://super.abril.com.br/ciencia/vida-primeiro-instante-446063.shtml>. **Acesso em:** maio 2014.

a) De acordo com cada uma dessas opiniões, em qual órgão a vida se inicia?

b) Uma droga que inibe a nidação pode ser considerada abortiva por cientistas pertencentes a alguma dessas correntes? Justifique sua resposta.

6. Uma garota circulou, no calendário de sua agenda, os últimos três dias em que menstruou.

MARÇO 2015

1	2	3	④	5	6	7
8	9	10	11	12	13	14
15	16	17	18	19	20	21
22	23	24	25	26	27	28
29	30	31				

ABRIL 2015

			1	②	3	4
5	6	7	8	9	10	11
12	13	14	15	16	17	18
19	20	21	22	23	24	25
26	27	28	㉙	30		

MAIO 2015

					1	2
3	4	5	6	7	8	9
10	11	12	13	14	15	16
17	18	19	20	21	22	23
24	25	26	27	28	29	30
31						

a) Qual a duração dos dois ciclos menstruais que aparecem completos no calendário?

b) Explique o que deve estar acontecendo com o endométrio nos dias 5 de março e 3 de abril. Como estão as taxas de estrógeno e de progesterona no organismo nesses dias?

c) Qual deve ser aproximadamente o dia da ovulação no mês de maio? Justifique.

7. Um casal que planeja ter um filho manteve três relações sexuais: no 6º, no 14º e no 27º dia do ciclo menstrual da mulher. A mulher tem os ciclos regulados em 28 dias. A probabilidade de engravidar é a mesma em todos esses dias? Justifique sua resposta, explicando o que provavelmente estava acontecendo com o folículo ovariano ou com o ovócito em cada uma dessas datas.

8. Suponha uma mulher que ainda não entrou na menopausa e, por causa de uma doença, teve que extrair cirurgicamente os dois ovários completamente. Explique de que modo essa cirurgia alteraria o ciclo ovariano mensal.

9. Os gráficos a seguir mostram a variação na concentração do hormônio progesterona no sangue de duas mulheres no período de um ciclo ovariano mensal.

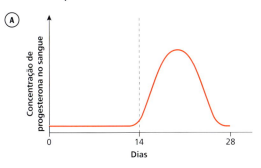

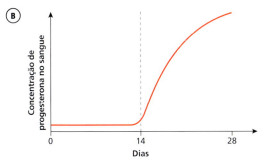

a) Descreva a variação da concentração de progesterona no sangue dessas duas mulheres.
b) Qual dessas mulheres, **A** ou **B**, engravidou nesse período? Justifique.

10. A tabela a seguir apresenta os resultados de um estudo feito com 269 mulheres e seus filhos recém-nascidos.

Hábito materno	"Peso" médio (g) do filho ao nascer	Altura (cm) média do filho ao nascer
Fumantes	3.123	49
Não fumantes	3.369	50

Fonte: Estado nutricional e hábito de fumar maternos, crescimento intrauterino e pós-natal, de Arnaldo Augusto et al. *Revista de Saúde Pública*, vol. 19. n. 1. São Paulo, fev. 1985. Disponível em: <http://www.scielosp.org/scielo.php?pid=S0034-89101985000100005&script=sci_arttext>. Acesso em: maio 2014.

a) Os dados obtidos por essa pesquisa indicam que o tabagismo pode ter relação com o peso e a altura média dos recém-nascidos?
b) De que modo as substâncias inaladas pela mãe chegam ao feto?

11. Leia o texto e responda às questões.

As autoridades de saúde pública afirmam que, nas duas últimas décadas, houve uma "epidemia" de cesarianas. As razões dessa "epidemia" são diversas: a cirurgia é mais rápida do que um trabalho de parto, ocupa o médico por menos tempo e lhe provê maior remuneração, e muitas gestantes optam pela cesariana por se sentirem mais seguras, acreditando que desse modo sentirão menos dor.

A cesariana é também um problema social, já que ocupa os leitos hospitalares por mais tempo e possuem custo mais alto para o governo.

a) Com que intenção o termo "epidemia" foi usado no texto?
b) Além dos motivos apresentados no texto, quais outros poderiam ser considerados para uma gestante optar pelo parto natural?

12. No Brasil, o aborto induzido é considerado crime contra a vida humana. Porém, existem pessoas e setores da sociedade que lutam por sua descriminalização por considerarem que a decisão de ter um filho é da mulher. Debata o tema com os colegas e, em seguida, escreva um texto sobre o tema "aborto: crime ou direito?".

COMPARTILHAR

13. Em grupos, pesquisem sobre as principais alterações que ocorrem a cada mês no desenvolvimento do bebê durante a gravidez. Planejem um modo de organizar essas informações por meio de tabelas, gráficos ou de uma linha do tempo. Exponham seu trabalho para o restante da turma e observem os trabalhos dos demais grupos.

14. Na sua opinião, quais são os fatores responsáveis pela grande quantidade de casos de gravidez na adolescência no Brasil? Escreva um pequeno texto apresentando seu ponto de vista. Em seguida, publique o texto em um blog que será organizado com a ajuda do professor. Leia os textos dos colegas e debata o tema com a mediação do professor.

149

TEMA 7

Métodos contraceptivos

Existem diversos modos de evitar a gravidez indesejada e planejar o momento de ter um filho.

A contracepção

Uma das consequências do conhecimento sobre a reprodução para o exercício da cidadania é a possibilidade de evitar uma gravidez não desejada. Assim, cada casal pode optar por não ter filhos ou escolher o momento mais adequado para tê-los de acordo com seu projeto de vida.

Os meios utilizados para evitar a gravidez são chamados **métodos contraceptivos** ou **anticoncepcionais**.

Tipos de métodos contraceptivos

Há diversos tipos de métodos contraceptivos. O preservativo, além de evitar a gravidez, também previne contra doenças sexualmente transmissíveis. A seguir, conheça algumas formas de contracepção.

- **Preservativo**. Também chamado **camisinha**, é o método mais seguro e mais acessível para evitar tanto a gravidez quanto a transmissão de doenças. A **camisinha masculina** é uma capa de látex que se coloca sobre o pênis ereto antes da penetração na vagina na mulher para impedir o contato direto do pênis com o interior da vagina e reter o esperma. A **camisinha feminina** é introduzida na vagina antes da relação, com o objetivo de evitar o contato do esperma com o organismo feminino.
- **Diafragma**. Capa flexível de látex ou silicone que a mulher coloca no interior da vagina antes da relação sexual e fica presa ao colo do útero, impedindo a entrada dos espermatozoides por ele.
- **DIU**. (**Dispositivo intrauterino**). É uma peça de plástico e metal introduzida pelo médico no útero. Ela mata os espermatozoides, impedindo-os de chegar à tuba uterina; no caso de ainda assim haver fecundação, o DIU impede a implantação do embrião no útero. Seu uso requer acompanhamento médico periódico.
- **Pílula anticoncepcional**. Medicamento composto de derivados sintéticos de estrógeno e progesterona, que inibem a produção dos hormônios que estimulam a ovulação (LH e FSH). A pílula é tomada pela mulher por via oral, mas também existem opções de uso de hormônio por meio de injeções, implantes sob a pele, anel vaginal e adesivos. Apenas um médico pode receitar esses métodos e orientar o uso deles.
- **Pílula do dia seguinte**. Também chamada contraceptivo de emergência, deve ser tomada até 36 horas depois da relação para funcionar de modo eficiente. Contém alta dosagem de estrógeno e progesterona, o que impede a ovulação, dificulta a movimentação dos espermatozoides e, caso já tenha ocorrido a fecundação, impede a implantação do embrião no endométrio. Esse método pode ser utilizado no caso de relação sexual desprotegida, mas não deve ser usado com frequência por oferecer riscos à saúde e não proteger contra doenças sexualmente transmissíveis.

Camisinha feminina (acima) e masculina (abaixo). Atualmente há diversas pesquisas com o objetivo de produzir novos materiais para serem usados na fabricação de preservativos, na tentativa de deixá-los ainda mais eficientes.

- **Métodos cirúrgicos**. São métodos de esterilização considerados irreversíveis (embora em alguns casos seja possível revertê-los). Nas mulheres, a **laqueadura** é feita por meio do corte das tubas uterinas, interrompendo sua ligação com o útero e impedindo a fecundação. Nos homens, a **vasectomia** requer a abertura dos escrotos e o corte dos ductos deferentes, impedindo a passagem de espermatozoides. A ejaculação passa a liberar apenas os líquidos seminais.
- **Tabelinha**. Esse método consiste na abstinência sexual durante o período fértil da mulher: três dias antes e três dias depois da ovulação. O problema é que o dia da ovulação pode sofrer variações de um ciclo para o outro. Portanto, não é um método confiável.
- **Coito interrompido**. Consiste na retirada do pênis da vagina antes da ejaculação. É um método pouco eficiente, pois as secreções masculinas produzidas antes da ejaculação podem conter espermatozoides em quantidade suficiente para que ocorra a fecundação. Além disso, o método exige um controle que pode ser difícil de ser mantido em uma situação de excitação.

Saiba mais!

USOS E CUIDADOS COM A CAMISINHA MASCULINA

Aprenda, a seguir, as principais etapas do uso correto da camisinha masculina.

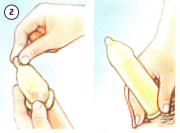

1. Observe se a integridade e a validade da embalagem. Abra-a cuidadosamente, sem utilizar objetos cortantes ou os dentes.

2. Segure a ponta da camisinha e aperte-a para tirar o ar (essa etapa é muito importante). Depois, desenrole até a base do pênis ereto. Na extremidade deve haver um espaço para recolher o esperma.

3. Após o uso, descarte a camisinha no lixo. O preservativo nunca pode ser reutilizado.

Fonte: Ministério da Saúde.

COLETIVO CIÊNCIAS

O conhecimento indígena sobre métodos anticoncepcionais

Os povos indígenas são conhecedores das propriedades de centenas de plantas dos ambientes onde vivem. Conhecem espécies que, por exemplo, previnem e curam doenças, promovem a fertilidade e evitam a gravidez.

Entre as plantas utilizadas como anticoncepcionais está o bibiru, árvore cuja semente é consumida pelos Wapixana de Roraima; já os Karitiana de Rondônia preparam um chá à base de uma planta chamada gopiquirorobo.

O conhecimento indígena sobre a natureza decorre da relação direta com o meio ambiente e está baseado em experiências de vida que vão sendo transmitidas oralmente, de geração em geração.

No que diz respeito às plantas medicinais, diversos estudos científicos têm sido realizados para identificar suas substâncias e compreender seu mecanismo de ação no organismo. Muitos desses experimentos comprovam, do ponto de vista científico, a eficácia constatada na prática. Descobriu-se, por exemplo, que o gopiquirorobo atua como anticoncepcional, pois impede a ovulação.

Entrando na rede

A página da internet <www.drauziovarella.com.br/mulher-2/acompanhe-a-
-evolucao-dos-metodos-anticoncepcionais/> apresenta uma linha do tempo sobre a história dos métodos contraceptivos.

Acesso em: maio 2014.

TEMA 8

Doenças sexualmente transmissíveis

Diversas doenças podem ser transmitidas pelo ato sexual; a camisinha é o modo mais eficiente de prevenir-se contra elas.

As DSTs

As doenças que podem ser transmitidas durante o ato sexual por uma pessoa contaminada são chamadas **doenças sexualmente transmissíveis (DSTs)**. Elas são causadas por agentes que podem estar presentes no organismo sem que a pessoa desenvolva sintomas da doença e, portanto, não saiba que está doente.

O uso da camisinha é o meio mais eficiente de se proteger contra as DSTs.

A seguir são apresentadas as principais características de algumas doenças sexualmente transmissíveis.

- **Sífilis**. Causada pela bactéria *Treponema pallidum*, também pode ser transmitida por transfusão de sangue e da mãe para o feto, através da placenta. Apresenta três fases de desenvolvimento. Nas duas primeiras, em que a doença é mais contagiosa, surgem lesões indolores nos órgãos genitais, caroços (ínguas) na virilha e manchas na pele. Esses sintomas desaparecem, dando a falsa impressão de cura. Depois de meses ou anos, a infecção pode causar demência, paralisia, cegueira e problemas cardíacos, podendo levar à morte.
- **Gonorreia**. Infecção causada pela bactéria *Neisseria gonorrhoeae*, que atinge principalmente a uretra, provocando dor ao urinar e secreção de pus, que é mais visível nos homens. Também pode ser transmitida da mãe para o feto durante o parto.
- **Cancro mole**. Causado pela bactéria *Hemophilus ducreyi*, provoca feridas dolorosas e moles nos órgãos genitais externos. Podem-se formar úlceras com pus.
- **Candidíase**. Infecção causada pelo fungo *Candida albicans*, o qual provoca o "sapinho" na boca e a candidíase nos órgãos genitais. O fungo cresce alimentando-se do tecido das mucosas, provocando coceira e vermelhidão e, nas mulheres, uma secreção esbranquiçada.
- **Tricomoníase**. Causada pelo protozoário *Trychomonas vaginalis*. Apesar de mais comum em mulheres, pode infectar os homens. Os sintomas na mulher incluem coceira, corrimento e ardência na uretra e na vagina. O tratamento é feito com antibióticos.
- **Condiloma acuminado**. Também conhecido por crista de galo ou verruga genital, é causado pelo papilomavírus humano (HPV). Formam-se verrugas nos órgãos genitais externos, no ânus, no colo do útero e na pele. Caso não seja tratado, pode provocar câncer no útero, no pênis ou no ânus.

Assumir riscos com responsabilidade

A decisão de iniciar a vida sexual envolve responsabilidade dos parceiros, pois há risco de contrair doenças sexualmente transmissíveis caso a relação aconteça sem o uso de preservativos. No caso de relações heterossexuais, há ainda a probabilidade de gravidez. Felizmente, existem os preservativos, que protegem de doenças, além de diferentes opções de métodos contraceptivos. Sexo faz parte da vida, mas é uma prática que requer conhecimento do próprio corpo e responsabilidade. Quanto mais informações sobre o tema, melhor!

- **Herpes genital**. Causada por vírus, provoca bolhas que se transformam em feridas na região da virilha, pênis, vagina ou ao redor do ânus. Os vírus podem ficar incubados indefinidamente no organismo do doente e os sintomas podem surgir após situações de estresse ou esforço físico exagerado. Não há cura, mas o tratamento pode ajudar na cicatrização das feridas e aliviar a dor.
- **Hepatite B**. Causada pelo vírus VHB, provoca inflamação do fígado. Como o vírus pode estar presente na saliva, pode ser transmitida pelo beijo. Na maioria dos casos não provoca sintomas.
- **Pediculose pubiana**. Provocada por um pequeno inseto chamado *Phthirus pubis*, popularmente conhecido por chato. Provoca intensa coceira na região da virilha, no saco escrotal e nos grandes lábios. Pode ser transmitida no ato sexual ou no uso comum de roupas, toalhas e lençóis contaminados com ovos do inseto ou animais adultos. O tratamento requer a remoção dos insetos por produtos químicos ou manualmente e a higienização das roupas íntimas.

Aids

Sigla em inglês para síndrome da imunodeficiência adquirida. Essa doença é provocada pelo vírus da imunodeficiência humana, o HIV (do inglês *human immunodeficiency virus*).

A transmissão do HIV pode ocorrer pelo contato direto com sangue, esperma, secreções vaginais e leite materno contaminados. O contato social, o abraço, o beijo e o uso comum de objetos não transmitem o vírus.

O HIV ataca o sistema imunitário do doente, deixando o corpo vulnerável a infecções oportunistas, que o organismo saudável conseguiria combater facilmente. Até mesmo um resfriado pode ter consequências sérias.

Muitos portadores do vírus permanecem assintomáticos por alguns anos antes de desenvolver a doença. Porém, mesmo nesse período podem transmitir o vírus, o que reforça a necessidade de usar camisinha nas relações sexuais.

Os sintomas da doença incluem febre, diarreia, náusea, vômitos, inflamação nos linfonodos, fraqueza, perda de apetite e de peso, suores noturnos, erupções na pele e dores no corpo. Não há cura para a aids, mas muitas pessoas reagem bem aos tratamentos atuais, que podem diminuir a quantidade de vírus no organismo e melhorar o estado geral de saúde da pessoa infectada.

Saiba mais!

O TRATAMENTO DAS DSTs

Conhecer as DSTs é importante para manter uma vida sexual saudável e segura. Em caso de qualquer sintoma, é preciso procurar um médico para realizar o diagnóstico e determinar um tratamento adequado.

As DSTs causadas por bactérias e fungos devem ser tratadas com medicamentos específicos. Já as que são causadas por vírus não têm cura, mas o tratamento pode controlar os sintomas e aliviar a dor.

Entrando na rede

No endereço da internet ‹**www.aids.gov.br**› você pode encontrar informações detalhadas sobre as DSTs.

Acesso em: maio 2014.

GLOSSÁRIO

Pandemia: doença que atinge seres humanos em uma área de grande extensão, como um continente ou mesmo todo o planeta.

AMBIENTE EM PAUTA

O surgimento da aids

Diversas teorias científicas sugerem que a aids tenha sido transmitida de outros primatas, como os chimpanzés, para os seres humanos. O SIV, um vírus que ataca o sistema imunitário de macacos africanos, teria sofrido uma mutação e originado o HIV.

A transmissão para os seres humanos aconteceu por volta de 1930, na África, onde diversos povos têm o hábito de consumir carne de macacos. O contágio poderia ter ocorrido pelo alimento ou mesmo pelo sangue da caça. Depois, o HIV teria passado de pessoa a pessoa.

A doença surgiu nos Estados Unidos no início dos anos 1980. A pandemia esteve ligada ao crescimento das cidades e da migração humana pelo planeta. Além disso, houve também transfusões de sangue contaminado, que vitimaram milhares de pessoas quando a doença ainda não era bem conhecida.

ATIVIDADES

TEMAS 7 E 8

ORGANIZAR O CONHECIMENTO

1. Agrupe as doenças sexualmente transmissíveis estudadas nessa Unidade de acordo com o agente causador: bactérias, vírus, protozoários e fungos.

2. Compare o uso da camisinha com o coito interrompido quanto à eficiência para evitar tanto uma gravidez não planejada como doenças sexualmente transmissíveis.

3. Explique como a pílula anticoncepcional impede a gravidez.

ANALISAR

4. Uma garota que toma pílula anticoncepcional pode dispensar o uso da camisinha em uma relação com um parceiro que acaba de conhecer e que não apresenta nenhum sintoma de doença sexualmente transmissível?

5. A tabela a seguir apresenta a eficiência de alguns métodos anticoncepcionais. Analise-a para responder às questões que seguem.

Método contraceptivo	Taxa de gravidez não desejada por 100 mulheres
Pílula anticoncepcional	9
Coito interrompido	22
Diafragma	12
DIU	0,8
Preservativo masculino	18
Tabelinha	24

Fonte: BRASIL. Ministério da Saúde. Departamento de Ações Programáticas Estratégicas. *Diretrizes Nacionais para a Atenção Integral à Saúde de Adolescentes e Jovens na Promoção, Proteção e Recuperação da Saúde*. Brasília, 2010.

a) De acordo com a tabela, quais são os dois métodos menos eficazes? Explique esse dado.

b) Quais são os dois métodos mais eficazes apresentados na tabela? Explique esse dado.

6. Retome o quadro com diferentes opiniões sobre o momento em que uma vida se inicia.

Visão	Quando a vida começa
Visão genética	Quando ocorre a fecundação.
Visão embriológica	Na terceira semana, quando o embrião já não pode se dividir para dar origem a duas ou mais pessoas; estabelece-se assim sua individualidade.
Visão neurológica	Quando o feto apresenta atividade cerebral igual à de uma pessoa. Não há consenso sobre essa data.
Visão ecológica	Entre a 20ª e a 24ª semana de gestação, quando o feto já tem os pulmões prontos e, assim, teria condições de manter-se vivo fora do útero materno.

Fonte: Disponível em: <http://superabril.com.br/ciencia/vida-primeiro-instante-446063.shtml>. **Acesso em:** maio 2014.

A pílula do dia seguinte pode ser considerada abortiva por alguma dessas visões? Justifique sua resposta.

7. Leia o texto e responda às questões.

A primeira pílula anticoncepcional, Enovid-R, lançada no mercado em 1960, foi descoberta por acaso. Por estranho que possa parecer, interessados em descobrir um caminho para combater a esterilidade feminina, os pesquisadores chegaram a uma fórmula com ação contraceptiva. Esse achado foi de extrema importância para o sucesso da Revolução Sexual, que pôs fim a séculos e séculos de repressão, sobretudo para as mulheres, e alterou padrões de comportamento, visão de mundo e estilo de vida dos dois gêneros.

Com a pílula, as mulheres se tornaram donas do próprio corpo, puderam exercer a sexualidade sem o ônus da gravidez indesejada. Isso lhes abriu as portas do mercado de trabalho e lhes possibilitou investir em novos tipos de relacionamento [...].

Fonte: Drauzio Varella. Disponível em: <http://drauziovarella.com.br/mulher-2/pilulas-anticoncepcionais/>. Acesso em: maio 2014.

a) O que significa dizer que a pílula anticoncepcional alterou padrões de comportamento dos dois gêneros?
b) Qual a relação entre o uso da pílula e o ingresso das mulheres no mercado de trabalho?

8. Entre as cartelas mais comuns de pílulas anticoncepcionais estão aquelas que trazem 21 comprimidos. Eles devem ser tomados diariamente; depois é feita uma pausa de 7 dias, antes do início de uma nova cartela. Considerando que a pílula é composta de estrógeno e progesterona, explique o que acontece com o endométrio nos 21 dias em que a pílula é consumida e nos 7 dias de interrupção.

9. Leia o texto e responda às questões.

[...] No exato momento em que acreditávamos que antibióticos, a pílula e atitudes mais liberais haviam eliminado a culpa e vergonha associadas ao comportamento sexual, chegou do nada uma doença incurável, fatal e altamente contagiosa transmitida sexualmente, desafiando a ciência médica, criando uma crise de saúde pública e redespertando um pânico moral. [...]

Fonte: Sarah Dunant. Folha de S.Paulo.
Disponível em: <http://www1.folha.uol.com.br/ilustrissima/2013/05/1282609-como-a-sifilis-varreu-o-mundo.shtml>. Acesso em: maio 2014.

a) A qual doença você acha que a autora se refere?
b) Qual é a oposição feita pela autora entre essa doença e os antibióticos e a pílula anticoncepcional?

10. Observe o gráfico e responda às questões.

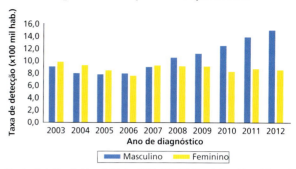

Fonte: Boletim Epidemiológico HIV-Aids 2013, página 18, gráfico 10. Disponível em: <http://www.aids.gov.br/sites/default/files/anexos/publicacao/2013/55559/_p_boletim_2013_internet_pdf_p__51315.pdf>. Acesso em: maio 2014.

a) O que pode ser constatado em relação ao diagnóstico de casos de aids entre os jovens como um todo, de 2003 a 2012?
b) Compare o número de diagnósticos de casos de aids entre jovens do sexo masculino e feminino nesse período.
c) No período retratado pelo gráfico, o que aconteceu com a proporção de casos de homens e mulheres dessa faixa etária?

COMPARTILHAR

11. Leia as seguintes informações. Depois, faça o que se pede.

Um terço dos jovens de 14 a 25 anos nunca usa camisinha em suas relações sexuais e 32% das mulheres até 20 anos já engravidaram pelo menos uma vez – e 12% delas passaram por um aborto (espontâneo ou provocado). Os dados fazem parte do 2º Levantamento Nacional de Álcool e Drogas, realizado por pesquisadores da Universidade Federal de São Paulo (Unifesp) [...]"

Fonte: O Estado de S. Paulo, A19, 27 mar. 2014.

Embora os jovens brasileiros de 15 a 24 anos tenham conhecimento sobre a prevenção da aids, há um crescimento da infecção por HIV nessa faixa etária.

Fonte: Boletim Epidemiológico HIV-Aids, Ministério da Saúde em 2013.

Utilizando essas informações, crie, em grupo, uma campanha para rádio com o objetivo de conscientizar os jovens sobre a importância do uso dos métodos contraceptivos. A campanha deve ser gravada como *podcast* e apresentada aos colegas.

GLOSSÁRIO

Podcast: arquivo de áudio digital; pode ser baixado da internet para o computador e transferido para aparelhos portáteis, como tocadores de música digital e mp3 players.

QUESTÕES DO ENEM E DE VESTIBULARES

1. (UFPA) Em relação à reprodução humana, considere as seguintes afirmativas:

I. Os espermatozoides são produzidos nos túbulos seminíferos que se distribuem no interior dos testículos.

II. A vasectomia é um método contraceptivo que consiste em seccionar os túbulos seminíferos, impedindo a produção do líquido espermático.

III. Os gametas femininos são produzidos continuamente durante toda a vida da mulher.

A(s) afirmativa(s) correta(s) é(são)

a) somente a I.
b) somente a III.
c) I e III.
d) II e III.
e) I e II.

2. (UFV-MG) Correlacione alguns dos métodos de anticoncepção com seus respectivos mecanismos de ação.

Métodos de anticoncepção

(I) Diafragma
(III) Dispositivo intrauterino
(II) Laqueadura
(IV) Vasectomia

Mecanismos de ação

(▮▮▮) impede a liberação dos gametas da gônada para a uretra.

(▮▮▮) impede a nidação no endométrio.

(▮▮▮) impede que os gametas cheguem ao terço distal das tubas.

(▮▮▮) impede a passagem dos gametas da vagina para o útero.

Assinale a alternativa que apresenta a sequência CORRETA:

a) I, II, III, IV.
b) IV, III, II, I.
c) II, III, I, IV.
d) III, II, IV, I.

3. (Enem-MEC) A Síndrome da Imunodeficiência Adquirida (Aids) é a manifestação clínica da infecção pelo vírus HIV, que leva, em média, oito anos para se manifestar. No Brasil, desde a identificação do primeiro caso de Aids em 1980 até junho de 2007, já foram identificados cerca de 474 mil casos da doença. O país acumulou, aproximadamente, 192 mil óbitos devido à Aids até junho de 2006, sendo as taxas de mortalidade crescentes até meados da década de 1990 e estabilizando-se em cerca de 11 mil óbitos anuais desde 1998. [...] A partir do ano 2000, essa taxa se estabilizou em cerca de 6,4 óbitos por 100 mil habitantes, sendo esta estabilização mais evidente em São Paulo e no Distrito Federal.

Disponível em: <http://www.aids.gov.br>. **Acesso em**: 1º maio 2009 Adaptado.

A redução nas taxas de mortalidade devido à Aids a partir da década de 1990 é decorrente

a) do aumento do uso de preservativos nas relações sexuais, que torna o vírus menos letal.

b) da melhoria das condições alimentares dos soropositivos, a qual fortalece o sistema imunológico deles.

c) do desenvolvimento de drogas que permitem diferentes formas de ação contra o vírus HIV.

d) das melhorias sanitárias implementadas nos últimos 30 anos, principalmente nas grandes capitais.

e) das campanhas que estimulam a vacinação contra o vírus e a busca pelos serviços de saúde.

4. (UFSJ-MG) Observe a seguinte tabela:

ANO E DISTRIBUIÇÃO DE PRESERVATIVOS (EM MILHÕES)							
Preservativos distribuídos							
Preservativo masculino				Preservativo feminino			
2000	2001	2002	2003	2000	2001	2002	2003
78,4	125,6	138,0	256,7	1,4	0,5	2,0	2,5

Fonte: Programa Nacional de DST/Aids/Ministério da Saúde.

Analise as afirmativas abaixo.

I. O aumento da distribuição de preservativos (camisinha) pode refletir na redução do crescimento populacional e na disseminação de DSTs (doenças sexualmente transmissíveis).

II. O número de preservativos femininos distribuído reflete a ineficiência do método tanto na contracepção quanto na prevenção de DSTs.

III. Do ponto de vista prático o preservativo masculino é mais eficiente na prevenção de DSTs, uma vez que o preservativo feminino é exclusivamente vaginal, não protegendo os parceiros em outras modalidades sexuais.

IV. Não é recomendado o uso simultâneo de ambos os preservativos (masculino e feminino), pois o atrito entre os preservativos pode rompê-los, anulando sua eficiência.

V. A pílula do dia seguinte é um método eficaz de prevenção de DSTs, uma vez que sua ação, além de evitar a concepção, elimina eventuais vírus e bactérias infectantes. O custo desse método, entretanto, não permite sua popularização.

De acordo com essa análise, estão CORRETAS apenas as afirmativas:

a) II, III e V
b) I, III e IV
c) II, IV e V
d) I, III e V

5. (Ufal) Durante a fase reprodutiva da mulher, a cada vinte e oito dias, aproximadamente, seu organismo prepara-se para a reprodução, que consiste na produção de óvulo e no desenvolvimento do revestimento da parede uterina, para receber o embrião que eventualmente se forme. Se a fecundação não ocorre, o revestimento do endométrio é eliminado pela menstruação, e o organismo reinicia outro ciclo de preparação. Com relação aos hormônios que participam desse processo, analise as figuras e as proposições apresentadas.

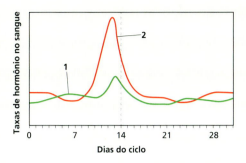

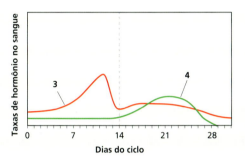

1) Durante o período da menstruação, a hipófise começa a aumentar a produção do hormônio FSH (1), o qual induz o desenvolvimento de alguns folículos ovarianos. A taxa de estrógeno (3) se eleva na circulação sanguínea.

2) A presença do hormônio (3) no sangue começa a induzir o espessamento do endométrio. Quando a taxa desse hormônio atinge um determinado nível, a hipófise é estimulada a liberar grande quantidade de gonadotrofinas (1) e (2).

3) O hormônio LH (2), presente no sangue em taxas elevadas desde a ovulação, induz as células do folículo ovariano rompido a se transformarem no corpo amarelo.

4) Os hormônios sexuais, estrógeno (3) e progesterona (4), atuam em conjunto sobre o útero, continuando sua preparação para uma eventual gravidez. A elevação da taxa desses hormônios exerce um efeito inibidor sobre a hipófise que diminui a produção dos hormônios (1) e (2).

Estão corretas:

a) 1 e 2 apenas.
b) 2 e 3 apenas.
c) 3 e 4 apenas.
d) 1, 2 e 3 apenas.
e) 1, 2, 3 e 4.

Quadro-resumo

1. Os gametas ou células reprodutivas humanas (espermatozoides e ovócitos) são produzidos pelas gônadas (testículos e ovários).

2. A reprodução animal pode ser sexuada (por meio de gametas) ou assexuada (um único indivíduo gera descendentes).

3. A adolescência envolve transformações físicas e comportamentais; estas últimas são diretamente influenciadas pela cultura.

4. A puberdade é o conjunto de transformações físicas que ocorrem na adolescência.

5. O sexo biológico determina se os indivíduos são machos ou fêmeas; o papel atribuído a homens e mulheres em cada sociedade constitui a identidade de gênero.

6. Os sistemas genitais masculino e feminino estão relacionados com a reprodução. O masculino é formado, entre outras estruturas internas, pelos testículos, epidídimos, ductos genitais (deferentes e ejaculatórios), glândulas seminais e próstata; externamente, é formado pelo escroto e pelo pênis, que é atravessado pela uretra. O sistema genital feminino é formado pelos ovários, tubas uterinas, útero, vagina e pudendo feminino.

7. O ciclo ovariano ou menstrual é a preparação mensal do corpo da mulher para uma possível gravidez. É regulado por hormônios secretados pela hipófise (FSH e LH) e pelos ovários (estrógeno e progesterona) e inclui a ovulação e o crescimento do endométrio.

8. A fecundação ocorre na tuba uterina e a nidação é a implantação do embrião no endométrio, dando início à gestação.

9. Os anexos embrionários são estruturas que se desenvolvem durante a gestação para proteger e nutrir o embrião.

10. O parto pode ser natural (pela vagina) ou cirúrgico (por cesariana).

11. Os métodos contraceptivos ou anticoncepcionais são meios de evitar a gravidez não desejada, como os preservativos (camisinha masculina e feminina), diafragma, DIU, pílula anticoncepcional, pílula do dia seguinte, laqueadura, vasectomia, tabelinha e coito interrompido.

12. As doenças sexualmente transmissíveis (DSTs) podem ser causadas por agentes transmitidos de uma pessoa contaminada para outra durante o ato sexual. São exemplos de DSTs: aids, sífilis, gonorreia, cancro mole, candidíase, tricomoníase, condiloma acuminado, herpes genital, hepatite B e pediculose pubiana.

13. A camisinha é o único método que, além de evitar a gravidez, ajuda a prevenir as DSTs.

LER, COMPREENDER E ESCREVER

Pesquisa sobre sexualidade revela preconceitos

BRASÍLIA — Uma pesquisa sobre sexualidade com jovens de 18 a 29 anos revela preconceitos e aponta caminhos para que famílias, escolas e governos lidem melhor com a educação sexual dos brasileiros. De 1.208 entrevistados em 15 estados e no Distrito Federal, 26% disseram concordar total ou parcialmente com a afirmação de que mulheres que se vestem de forma insinuante não podem reclamar se sofrerem violência sexual. Nessa questão, menos da metade — 47,35% — marcou a opção "discordo totalmente".

A pesquisa foi feita entre 2011 e 2012 e tem representatividade nacional. Os entrevistados responderam a um questionário em que deviam posicionar-se sobre 15 itens. Pouco mais da metade concordou totalmente com a afirmação de que adolescentes e jovens têm o direito de decidir quando transar pela primeira vez. E 68% assinalaram essa mesma opção diante da frase que dizia que o jovem tem o direito de decidir com quem manter relações sexuais. Ou seja, quase um terço dos entrevistados não acredita ter esse direito ou não marcou essa opção.

Dos 1.208 entrevistados, 55% eram mulheres e 53% viviam em famílias com renda mensal de até três salários mínimos. São jovens que nasceram entre os últimos anos da ditadura militar e o período pós--Constituição de 1988.

Para a advogada **feminista** Valéria Pandjiarjian, o machismo é uma característica arraigada e secular na sociedade brasileira, cuja transformação é um processo gradual. Ela diz que não chegou a se surpreender com o fato de que 26% dos entrevistados tenham concordado com a ideia de que mulheres que se vestem de forma insinuante não poderiam sequer reclamar de violência sexual.

— É um absurdo. Seja você quem for, faça o que fizer, vista-se como se vestir, você tem o direito de reclamar se sofrer uma violência sexual. A relação sexual é algo que depende do consentimento, do desejo e da vontade das pessoas — diz Valéria, que integra o Comitê Latinoamericano e do Caribe para a Defesa dos Direitos da Mulher.

Pouco mais de um terço dos entrevistados — 38% — disse concordar total ou parcialmente com a ideia de que o homem precisa mais de sexo do que a mulher.

De acordo com o perfil dos entrevistados, todos na faixa de 18 a 29 anos, 9% afirmaram ser virgens, enquanto 90% disseram já ter feito sexo, a maioria quando tinha entre 14 e 18 anos. Com relação à tolerância no que diz respeito à orientação sexual, 67,7% disseram não ver absolutamente nenhum problema em ter um amigo gay ou uma amiga lésbica, percentual

GLOSSÁRIO

Feminista: pessoa engajada no movimento a favor da ampliação da participação e dos direitos das mulheres na sociedade.

que sobe para 69% no caso de tratar-se de um professor ou professora homossexual. Esse índice, porém, cai para 50% quando a pesquisa indaga sobre como o entrevistado se sentiria se descobrisse que a irmã ou o irmão é gay. A maioria deles (51%) mostrou-se favorável à adoção de crianças por casais homossexuais.

A pesquisa foi realizada pela consultoria John Snow do Brasil, com apoio do Ministério da Saúde e da Organização Pan-Americana de Saúde (Opas), sob encomenda da Caixa Seguros, uma empresa privada que desenvolve projetos sociais no Distrito Federal e tem a Caixa Econômica Federal como sócia minoritária.

A maioria dos jovens concordou com a ideia de que a escola deve tratar de educação sexual. Quase 35% apontaram a mãe como a pessoa mais procurada para buscar amparo e tratar de problemas pessoais. O pai aparece em sexto lugar, citado apenas por 6,5% dos entrevistados, atrás da figura materna, dos amigos, parceiros, irmãos e ninguém.

[...]

A pesquisa concluiu que alguns fatores contribuem para o jovem ter uma concepção mais equitativa sobre a sexualidade, isto é, ser mais tolerante com a opção sexual alheia, com maior atenção à prática de [sexo] seguro e prevenção da gravidez precoce ou indesejada: ter o professor como referência e fonte de informação sobre educação sexual, acessar a internet frequentemente, não participar de grupo religioso e conversar com os pais.

Por outro lado, homens de baixa escolaridade que sejam evangélicos e já tenham reprovado de ano na escola constituem o grupo com visão mais fechada ou conservadora. No extremo oposto, mulheres que tenham cursado a universidade e nunca tenham sido reprovadas teriam a mente mais aberta.

— Não estamos querendo estigmatizar. Ser evangélico pode não fazer diferença nenhuma. É apenas um determinante —, diz o coordenador da pesquisa, Miguel Fontes, que é economista e doutor em saúde pública. — As mulheres têm menos tabus, mais tolerância. E, com relação ao diálogo com os pais, não é só conversar. É conversar sobre sexo.

[...]

Secretária de Educação Continuada, Alfabetização, Diversidade e Inclusão, Macaé dos Santos diz que o Ministério da Educação encomendou pesquisa sobre formas de violência que afetam as escolas, entre elas, a discriminação sexual. E entende que o professor desempenha papel central:

— Educar, numa sociedade democrática, é uma atividade de maior complexidade ainda. Nem toda família pode querer que sua filha de 11 anos trate dessa temática na escola. A educação sexual não é competência exclusiva da escola. É da família e da sociedade.

Fonte: Pesquisa sobre sexualidade revela preconceitos, de Demétrio Weber. Disponível em: <http://oglobo.globo.com/educacao/pesquisa-sobre-sexualidade-revela-preconceitos-10934758>. **Acesso em:** maio 2014.

Atividades

Interpretar

1. Quem foram os entrevistados por essa pesquisa? Caracterize-os quanto à faixa etária, o sexo, a renda e o local onde vivem.

2. Que resultado obtido pela pesquisa pode ser interpretado como demonstração do fato de a sociedade brasileira ser machista?

3. O que significa dizer que a pesquisa "aponta caminhos para que famílias, escolas e governos lidem melhor com a educação sexual dos brasileiros"?

4. Na sua opinião, a pesquisa revelou sentimentos de intolerância e discriminação por parte dos jovens brasileiros? Cite exemplos para fundamentar sua resposta.

É hora de escrever

5. Redija um texto dissertativo-argumentativo sobre o tema "sexualidade: liberdade X preconceito". Exponha suas ideias com base em situações de respeito ou discriminação que você já tenha vivido, presenciado ou ouvido falar. O texto deve apresentar sua opinião sobre o assunto e argumentos para fundamentá-la. Inclua introdução, desenvolvimento e conclusões em sua redação. E não se esqueça de dar-lhe um título.

Pensar com flexibilidade

Temas muito pessoais, como a sexualidade, costumam ser controversos e gerar diferentes opiniões. Ao expor nossas ideias sobre qualquer tema a outras pessoas, é importante fazê-lo de forma respeitosa. Reveja seu texto e faça uma boa reflexão: suas ideias podem ser consideradas ofensivas ou discriminatórias? Coloque-se no lugar de pessoas com orientação sexual diferente da sua, por exemplo, e faça uma segunda leitura de sua redação.

REFERÊNCIAS BIBLIOGRÁFICAS

ALBERTS, B.; BRAY, D.; JOHNSON, A.; LEWIS, J.; RAFF, M.; ROBERTS, K.; WALTER, P. *Fundamentos da biologia celular*. São Paulo: Artmed, 1999.

BEGON, Michael et al. *Fundamentos em Ecologia*. Porto Alegre: Artes Médicas, 2010.

CAMPBELL, N. A. et al. *Biology*. 8. ed. San Francisco: Benjamin Cummings, 2008.

CLARKE, R.; KING, J. *O atlas da água*. São Paulo: Publifolha, 2006.

FUTUYMA, D. J. *Biologia evolutiva*. 2. ed. Ribeirão Preto: Funpec, 2002.

GIANSANTI, R. *O desafio do desenvolvimento sustentável*. São Paulo: Atual, 1998. (Col. Meio ambiente)

GRIFFITHS, A. J. F.; MILLER, J. H.; SUZUKI, D. T.; LEWONTIN, R. C.; GELBART, W. M. *Introdução à genética*. 6. ed. Rio de Janeiro: Guanabara Koogan, 1998.

GUYTON, A. C.; HALL, J. E. *Tratado de fisiologia médica*. 10. ed. Rio de Janeiro: Guanabara Koogan, 2002.

HOARE, B. *Animal migration*: remarkable journeys in the wild. Londres: Marshall, 2009.

LE MONDE DIPLOMATIQUE BRASIL. *Atlas do meio ambiente*. São Paulo: Instituto Polis, s/d.

LENAY, C. *Darwin*. São Paulo: Estação Liberdade, 2004.

MALINOWSKI, B. *A vida sexual dos selvagens*. Rio de Janeiro: Francisco Alves, 1983.

MEAD, M. *Sexo e temperamento*. São Paulo: Perspectiva, 2011. (Col. Debates)

MEYER, D.; EL-HANI, C. N. *Evolução*: o sentido da biologia. São Paulo: Editora Unesp, 2005.

NELSON, D. L.; COX, M. M.; LEHNINGHER, A. L. *Princípios de bioquímica*. São Paulo: Sarvier, 2002.

ODUM, E. *Ecologia*. Rio de Janeiro: Guanabara, 1986.

PEROSA, M. *Descobrindo a si mesmo*: a passagem para a adolescência. São Paulo: Moderna, 1997. (Col. Qual é o grilo?)

PURVES, W. K. et al. *Vida*: a ciência da Biologia. Porto Alegre: Artes Médicas, 2009. v. 3.

RAVEN, P.; JOHNSON, G. B.; MASON, K. A.; LOSOS, J. B.; SINGER, S. S. *Biology*. 9. ed. Nova York: McGraw-Hill, 2011.

RODRIGUES, S. A. *Destruição e equilíbrio*: o homem e o ambiente no espaço e no tempo. São Paulo: Atual, 2004. (Col. Meio ambiente)

SOCIEDADE BRASILEIRA PARA O PROGRESSO DA CIÊNCIA. *Ciência Hoje na Escola*: sexualidade: corpo, desejo e cultura. São Paulo: Global, 2009. v. 11.

THEODORO, S. H. et al (orgs.). *Agroecologia*: um novo caminho para a extensão rural sustentável. Rio de Janeiro: Garamond, 2009. (Col. Terra Mater)

VEIGA, J. E. *Desenvolvimento sustentável*: o desafio do século XXI. Rio de Janeiro: Garamond, 2008.

Como você reage diante de uma situação nova? Como participa dos trabalhos desenvolvidos pelo seu grupo? Como se comporta à medida que o dia da avaliação se aproxima?

Há algumas atitudes que nos ajudam a lidar com as tarefas cotidianas, desde as mais simples até as mais complexas. São atitudes que identificamos nas pessoas que resolvem problemas de maneira eficiente, fazem as perguntas certas ao buscar soluções, tomam decisões conscientes, relacionam-se bem com os outros e pensam de forma criativa e inovadora.

Os Hábitos da mente de que vamos tratar a seguir irão auxiliá-lo em seus estudos e na realização das atividades deste livro. Mais do que isso, serão uma ferramenta importante para ajudá-lo a enfrentar as situações desafiadoras do seu dia a dia, na escola, nas relações com a família e com os amigos, enfim, na vida. Aproveite!

CONTROLAR A IMPULSIVIDADE

Quantas vezes você já se pegou dizendo a primeira coisa que lhe veio à cabeça ao ser questionado? E quantas vezes essa atitude precipitada trouxe resultados pouco satisfatórios ou até desastrosos para você?

Para diminuir a chance de erro e de frustração, reflita antes de agir. Considere as alternativas e as consequências dos vários caminhos que você pode tomar para chegar a uma solução. Analise bem todas as indicações ou instruções que foram fornecidas, busque mais informações sobre o assunto, reflita sobre a resposta que quer dar para a questão.

Ao contribuir para que você forme uma ideia do todo antes de partir para a resolução do problema, essas atitudes reduzem a possibilidade de se deparar com resultados inesperados e frustrações no caminho, além de ajudá-lo a controlar o impulso de desistir ou de adiar o enfrentamento da tarefa.

PERSISTIR

O que você faz quando um problema se torna difícil demais para resolver? Você desiste, tenta mais uma vez, e mais uma vez, ou tenta de novo, mas de forma diferente?

É comum as pessoas confundirem persistência com insistência, que significa ficar tentando, e tentando, e tentando, sempre da mesma forma. Mas a persistência não é isso! Persistir significa buscar estratégias diferentes para alcançar seu objetivo.

Em vez de desistir por achar que não dá para completar a tarefa, tente uma alternativa. Se determinada forma de fazer algo não funciona, busque outro caminho. Desenvolver estratégias distintas para resolver um problema vai ajudá-lo a atingir seus objetivos.

Hábitos da mente

PENSAR COM FLEXIBILIDADE

Como você enfrenta uma situação nova e inesperada? E como lida com pontos de vista diferentes?

Quanto maior for sua capacidade de ajustar o pensamento e mudar de opinião à medida que for recebendo novas informações, mais facilidade terá para se adequar a situações inesperadas ou enfrentar problemas que podem parecer difíceis de resolver.

Pensar com flexibilidade significa perceber que existem diferentes formas de abordar uma questão. Significa ser capaz de se adaptar ao novo ou ao inusitado e de agir mesmo quando não se consegue enxergar cada detalhe ao longo do caminho.

ESCUTAR OS OUTROS COM ATENÇÃO E EMPATIA

Você costuma prestar atenção ao que as pessoas dizem? Mas atenção de verdade — e não ficar ensaiando mentalmente o que vai dizer assim que elas terminarem de falar.

Escutar com atenção significa manter-se atento ao que o outro está dizendo, procurando entender o ponto de vista dele. Escutar com empatia significa perceber a outra pessoa, colocar-se no lugar dela, buscando compreender seu raciocínio e suas motivações.

Para se relacionar bem com as pessoas é preciso prestar atenção aos sentimentos delas e às suas percepções sobre as questões que lhes são importantes. É impressionante quanto podemos aprender quando realmente escutamos alguém!

Hábitos da mente

ESFORÇAR-SE POR EXATIDÃO E PRECISÃO

Informação existe em abundância no mundo e é acessível a qualquer pessoa em qualquer lugar, basta que se tenha conexão à internet. Mas o que você faz com a informação que busca e que recebe todos os dias?

Esforçar-se por exatidão e precisão no seu trabalho demonstra compromisso com a qualidade do conteúdo e da apresentação do que produz.

Esse Hábito da mente revela a busca por aperfeiçoamento constante. Significa a disposição de se preparar para a tarefa, procurando conhecer muito bem os critérios a ser seguidos e esforçando-se por coletar os dados mais relevantes para a realização da atividade proposta. Também inclui revisões cuidadosas do que foi produzido e atenção especial à apresentação (aparência) do trabalho final.

QUESTIONAR E LEVANTAR PROBLEMAS

As pequenas conquistas que resultaram em grandes avanços para a humanidade foram — e continuam sendo — feitas por pessoas de todas as épocas, de todos os lugares, de todas as crenças, gêneros, cores e culturas. Pessoas que se dispuseram a "observar" uma situação, sem ideias preconcebidas, prestaram atenção em algo ou em alguém, perceberam um padrão ou uma incongruência em algum fenômeno e fizeram perguntas do tipo "Por que será?" ou "E se fosse diferente?".

Por que o céu é azul? O que acontece com um peixe de água salgada em um aquário de água doce? De onde vem o ser humano? E se a Terra não fosse o centro do Universo? Por que as mulheres não podem votar? Como será a Lua? Será que existem fontes de energia alternativas ao petróleo? E se as pessoas pudessem voar?

Não são as respostas que movem o mundo, são as perguntas.

E se...? (Aproveite este momento para questionar o mundo ao seu redor!)

Hábitos da mente

ASSUMIR RISCOS COM RESPONSABILIDADE

Como você se sente quando precisa tomar uma decisão e não sabe que caminho escolher? Você se joga sem pensar duas vezes ou se bloqueia e não sai do lugar?

Nem oito nem oitenta! Tentar algo diferente pode ser muito enriquecedor e gratificante quando agimos com responsabilidade. A parte responsável do risco corresponde à informação que buscamos antes de nos lançarmos a um desafio.

Avaliar as diferentes possibilidades levantadas e refletir sobre as consequências de uma escolha são atitudes que reduzem a chance do "inesperado" e proporcionam mais segurança e confiança para fazer algo novo e, assim, explorar todas as nossas capacidades.

PENSAR E COMUNICAR-SE COM CLAREZA

Você já percebeu como sua comunicação é mais eficaz quando o tema está bem organizado na sua mente? Ou quando explica uma ideia com exemplos para facilitar a compreensão do outro?

Pensamento e comunicação são inseparáveis. Por isso, é importante empregar os termos corretos e mais adequados sobre o assunto, evitando generalizações, omissões ou distorções de informação, e reforçar suas afirmações com explicações, comparações, analogias e evidências.

A preocupação com a comunicação clara, que começa no pensamento, melhora sua habilidade de fazer críticas tanto sobre o que lê, vê ou ouve quanto em relação às falhas de compreensão, podendo, assim, corrigi-las. Esse conhecimento é a base para uma ação segura e consciente.

VI | Hábitos da mente

APLICAR CONHECIMENTOS PRÉVIOS A NOVAS SITUAÇÕES

Todos nós aprendemos com a experiência, mas nem todos percebemos isso com tanta facilidade. Ser capaz de aplicar o que sabemos em diferentes situações é a grande função do estudo e da aprendizagem. E isso não depende apenas do seu livro, da sua escola ou do seu professor; depende da sua atitude também!

Aplicar conhecimentos prévios a novas situações significa transformar informação em conhecimento, e conhecimento em ação. Significa dar sentido prático à sua aprendizagem e às suas experiências.

Use os conhecimentos e as experiências adquiridos dentro e fora da escola como fonte de dados para apoiar suas ideias, para prever, entender e explicar teorias ou processos para resolver cada novo desafio.

Estes são 9 dos 16 Hábitos da mente descritos pelos autores Arthur L. Costa e Bena Kallick em seu livro *Learning and leading with habits of mind: 16 characteristics for success*.

CHECKLIST PARA MONITORAR SEU DESEMPENHO

Reproduza o quadro abaixo em seu caderno, um para cada mês do ano letivo. Preencha-o, ao final de cada mês, avaliando seu desempenho na aplicação dos Hábitos da mente na realização de suas tarefas nesta disciplina.

Classifique seu desempenho de 1 a 10, sendo 1 o nível mais fraco e 10 a sua máxima satisfação em relação ao uso do Hábito da mente.

Use a coluna *Observações pessoais* para anotar sugestões de atitudes a tomar no mês seguinte ou para registrar a aplicação do Hábito da mente em outros momentos do seu cotidiano.

Hábitos da mente	Neste mês eu...	Desempenho	Observações pessoais
Controlar a impulsividade	Pensei antes de agir. Investi parte do meu tempo em entender as orientações das tarefas.		
Persistir	Não desisti com facilidade. Tentei diferentes estratégias para resolver problemas difíceis.		
Pensar com flexibilidade	Busquei ou aceitei alternativas diferentes e considerei opções para solucionar questões.		
Escutar os outros com atenção e empatia	Escutei as ideias dos outros. Guardei as minhas opiniões para entender o ponto de vista e as emoções do outro.		
Esforçar-se por exatidão e precisão	Revisei meus trabalhos. Busquei exatidão, precisão e maestria em tudo o que fiz.		
Questionar e levantar problemas	Busquei conhecer os dados necessários para resolver as questões. Fiz bons questionamentos e levantei problemas para resolver.		
Assumir riscos com responsabilidade	Informei-me sobre as consequências possíveis de uma decisão e lancei-me então aos desafios.		
Pensar e comunicar-se com clareza	Organizei as ideias na minha mente. Consegui me comunicar de forma clara, evitando generalizações, distorções e omissões de dados.		
Aplicar conhecimentos prévios a novas situações	Coloquei o que aprendi em prática em situações diferentes.		

VIII | Hábitos da mente